當代中國國情與政治制度

與

政治制度

編著：余非

（增補版）

責任編輯　　　崔　衡　關秀琼
裝幀設計　　　鍾文君　陳嬋君

書　　名　　當代中國國情與政治制度（增補版）
編　　著　　余　非
出　　版　　三聯書店（香港）有限公司
　　　　　　香港北角英皇道 499 號北角工業大廈 20 樓
　　　　　　Joint Publishing (H.K.) Co., Ltd.
　　　　　　20/F., North Point Industrial Building,
　　　　　　499 King's Road, North Point, Hong Kong
香港發行　　香港聯合書刊物流有限公司
　　　　　　香港新界大埔汀麗路 36 號 3 字樓
印　　刷　　陽光印刷製本廠
　　　　　　香港柴灣安業街 3 號 6 字樓
版　　次　　2007 年 2 月香港第一版第一次印刷
　　　　　　2014 年 12 月香港增補版第一次印刷
規　　格　　大 32 開（142×210mm）176 面
國際書號　　ISBN 978-962-04-3671-0
　　　　　　© 2007, 2014 Joint Publishing (H.K.) Co., Ltd.
　　　　　　Published & Printed in Hong Kong

目　錄

第三部分　政治制度與行政機構

前言

增補版前言

十年人事幾番新，本書出版於七年半前，而中國的發展於七年半內何止翻了幾番。中國發展之快之廣，令作者嘆為觀止，也為國家走上富強之路、民族復興而大感欣喜。當前中國社會的發展，絕非只得國內生產總值（GDP）的拉升；不同方面發展細節之豐富多元，難以三言兩語概括。

也因此，三聯侯明副總編提出《當代中國國情與政治制度》增補習近平一屆的發展，我欣然同意，也認為有此必要。以下是增補版本的處理。

本書第二部分除 "9. 2012 年底至 2013 年初展開的新局面——習、李班子下的 '中國夢'" 是新寫的增補；其餘是 2007年版本，只在個別地方更新微調。

第三部分 "政治制度與行政機構" 的第 1、2、3、5、6 都增補了習李一任的新發展。8 "中國人民政治協商會議" 因為資料比從前多，重寫了。

習近平強調依法治國，特別為讀者找來他的相關陳述，見書末附錄。

希望此書能為讀者補充對當代中國的認識。國情教育名正言順，必不可少。認識國家，可以為香港定位，為自己定位；自己的人生定位正確，自然會大氣地活出彩虹。

2014 年 9 月

前言：國情與制度的互動

　　前言所記，是本書由構思至下筆過程中的若干關鍵考慮，謹以此短文與讀者溝通。

　　本書於構思下筆的初階段名為《當代中國政治制度》。"當代"者，以 1949 年後的中國為主；這界定或不無爭議（因為有人認為 1949 年後仍屬"現代"，不必叫"當代"），為免讀者誤以為此書兼及民國時期，仍取"當代"一詞，把時間範圍收窄。

　　本書的寫作目的是淺介"當代""中國政治制度"，下筆之際，發現假如我真想搞明白一些概念、理路，而不是簡介國家重要部門的歷史、規章條文，原來並不易寫！面對極豐富的參考資料、深淺度不同的中國政治制度出版物，我絕對可以將組織架構、機制名稱及成員職稱功能摘要平列，不難就湊合出一本五、六萬字的小書。可是，我深感資料之"平面""陳列"，對今天的讀者來說，作用不大。

　　我知道原因何在。

　　在整理材料及尋找下筆角度的過程中，我發現要寫好此書必須攻破一些盲點。比如，本地一般讀者不太瞭解中國百年近代史和當代國情，情況不幸地嚴重而普遍（看看坊間的問答遊戲比賽，以及選美比賽本地"佳麗"的對答便知道，那些"佳麗"，是本地一般年輕人的典型）。不信你隨便問一問人，"中華民族"的"內容"包括些甚麼？何謂"五族共和"？56 個民族又是怎麼一回事？歷史與國情就在其中。把問題點出來絕無嘲諷之心，而是在殖民政府治下，他不會鼓勵你認識自己的國家民族。我是土生土長的香港人，一些對現當代中國極粗淺的認知，是唸大學及離開學院後自修回來的。我是過來人，深深明白沒有基本的"中國國情"墊底，中國政治制度的架構及職能等具體材料再清楚條列、點列，也不會讓讀者"打從心底裏有所明瞭"。我自己因為起點低，對從"不明白"到"略為搞明白"這過程之艱難處印象特別深刻，於是"因禍得福"，可能比較容易知道一般讀者朋友的"盲點"何在。

　　總而言之，"中國政治制度"與"中國國情"是互動的，由1949年發展至今，兩者在互動中坎坷前行、輾轉推進，關係非常立體。因此，本書最終決定以"國情"結合"制度"的方式來寫作。而需要補充的所謂國情，其實也不過是基本的大背景、中國不同階段的歷史概要，並不神秘，也沒有新見；這樣尋常的資料也補上去，無非是因為今天大部分讀者基於過去的環境局限，對國情沒有機會或沒興趣主動接觸瞭解而已。

　　因此，本書最後定名為《當代中國國情與政治制度》。

2007 年 1 月

停一停，想一想

普世原則的應用，要輔之以實事求是

普世原則的應用要輔之以實事求是，此乃近幾年學回來的做事、論事原則。

回歸後的香港太多暗湧了，更加珍惜實事求是、刻苦力學這類修為。經常自省，告誡自己，議事論事要有基本認知後才好多發言。尤其是今時今日的香港社會，"敢言"的成本並不高，於是建言更需追求質素，而且實事求是。

舉例說，把"愛惜國家民族"這等事掛在口邊、寫在書上，有需要嗎？我的答案是：實事求是，具體情況具體判斷。

"愛惜國家民族"於一個普通國家、普通社會來說大概不必經常標舉，可是針對有百多年殖民史的香港來說，稍稍多談"愛惜國家民族"可能也不壞，用以平衡、補救殖民時期"國家民族"的內容被掏空了的傾側。

小提示

　　面對中國政治制度此課題，假如我們要認真搞清楚一些概念、理路，看來必須攻破若干盲點。本地一般讀者的一大盲點，是不知、不熟悉中國百年近代史和當代國情。"中國政治制度"不是一個可以孤立、完全資料化的課題，涉及其他知識。請按你的具體情況而定，找一找、想一想自己的盲點在哪裏？

本書的總體結構

前言

寫作目的、下筆因由的詳細解說。

↓

第一部分

框架勾勒：

勾勒總體綱領及基本原則——讓讀者先有準備，
知道要用不同於三權分立、
議會政治的觀念來審視當代中國的政治制度。

↓

第二部分

國情與政治制度互動結合：
把當代中國政治制度的發展，
放在現、當代中國歷史的大脈絡下審視。

↓

第三部分

簡述當代中國政治制度的組織結構：
對各機關的組成特色、基本職能，
以及部分規章條文之扼要交代。

　　對於“當代中國政治制度”這課題，本書採用“環繞着它來
說它”這方式下筆，着重相關及周邊資料的交代，並不只談“制
度”之結構及規章條文，而且選擇以“逐層深入”的方式漸進，
有層次地探討當代中國的政治制度。

第一部分

基本原則與框架勾勒

　　進入本部分之前，你或可先做好認知上的心理準備，務請盡量去除成見，用最開放的心靈來閱讀，尤其不宜用香港現行的政治制度去套內地的政治制度，否則，在找不到對口機構之下，你會愈搞愈糊塗。舉例說，你一定知道本地有立法會這樣的機制，但假如你在中國政治制度內也想找出"立法會"，勢必徒勞，因為它實行的不是本地這一套制度結構。

　　要知道，國內實行的不是部分西方國家所行的三權分立，於是彼此的機制、結構不盡相同。世界上不止三權分立一種政治體制，更重要是世界上不止一種國情；人口分別是 1,000 萬、2 億與 13 億的國家，一定有不同的國情。以溫飽問題為例，它於人口 1,000 萬、人口 13 億的國家便有不同的難易程度。這道理老生常談，彷彿童叟皆懂；然而，"知道"了卻不一定真"明瞭"，也不一定懂得"落實運用"以融合其他知識。且讓我們用最開放的心靈，用虛懷若谷的態度去閱讀當代中國國情與政治制度。

　　準備好了嗎？出發嚕。

1. 總體綱領與政治制度的基本原則

小提示

大部分西方社會行三權分立，司法、行政、立法三個系統互相平衡、制約。

孫中山則提出五權憲法，分別是立法、司法、行政、考試、監察五個系統，互相制約。

西方文明離開中世紀黑暗時期後步入現代階段，18 世紀後更進入建立民族國家、籌組政府的狀態，嘗試將政治制度有序化、規範化。今天大家都不感陌生的歐洲諸國，大多是 19 世紀才建立的新興民族國家，如義大利及德國，建國時間相當於中國清末同治、光緒年間。這些當年的新興國家，因應國情籌建不同形式的國家機制，建構屬於自己的政治制度。現代國家、現代的政治制度，是近 150 年才產生的事物。

一般而言，一個國家的政治制度，很大程度上取決於該國在權力關係上選取了甚麼結構形式；即是該國家內部橫向與縱向整體、中央與地方之間的權力關係怎樣劃分。西方國家多行君主立憲的議會制度（例如大部分的歐洲國家），或共和式的議會制度

（如美國）。君主立憲的議會制度保留了皇室象徵性的精神領導地位，至於實際施政及國家層面的運作，權操在政府及議會手裏。議會制度也並非只有一種形式，美國行的是參議院、眾議院結構，英國行的是上下議院結構。議會制度之外，西方國家的總體運作行三權分立，即司法、行政、立法三系統互相平衡、制約。

總括而言，政治制度是才發展了 100 多年的事物，形式林林總總，按各國國情而定。

相對於上述的西歐各國，中華人民共和國籌議建國之初曾參考共產國家蘇聯的體制，最後因國情不同而沒有完全照搬。量體裁衣，中華人民共和國最終構建了一套屬於自己國情的政治制度。1949 年後的中國奉行人民民主專政制度，最高權力機構是全國人民代表大會；再輔之以中國共產黨為主要領導黨派的多黨合作制（另有篇章解釋細節）。

且看政治制度的著作如何描述這個基本結構：

　　……中華人民共和國政治制度的基本內容應當包括：人民民主專政制度，人民代表大會制度，選舉制度，國家元首制度，民族區域自治制度，國家行政制度，司法制度，軍事制度，幹部人事制度，人民直接參與制度，共產黨領導多黨合作制度，政治協商制度，特別行政區制度。[1]

---

[1] 浦興祖：《中華人民共和國政治制度》，上海人民出版社，2005 年 12 月 2 次印刷，頁 7。

中華人民共和國政治制度基本概念示意圖

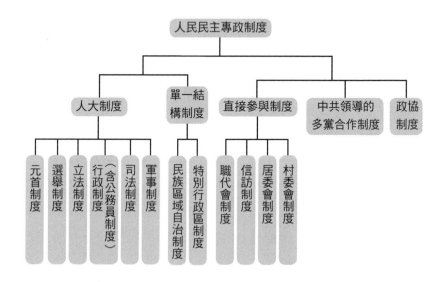

　　此外，行聯邦制的國家如美國，各州政府於某些方面擁有不以中央政府意旨為依歸的獨立權力，例如立法權。中國不行這一套聯邦制，行全國統一的單一制，權力集中在人民代表大會及中央政府身上；根據個別情況，另設自治區及特別行政區。

"一黨制"與"一黨領導的多黨合作制"

本地示威遊行中的口號之一是"結束一黨專政"。先以事論事,這口號是否完全成立有以下資料可予補充。

1. 首先,於法理上,全國最高權力機關是全國人民代表大會。黨的影響力固然重要,但自 20 世紀 80 年代中隨經濟開放改革,中國已漸漸於企業及地方政府層面(具體辦事的操作層面)實行黨政分家,部分國家企業的領導人也不需要是黨員。當然國家政治思想仍由中國共產黨決定,這是事實。然而,所謂的"一黨專政"於 21 世紀的今天,要看你是談國家的國際政策、國家總體發展方向,抑或具體管民生的操作層面。前者無疑仍由中國共產黨起關鍵的領導地位,但後者(操作層面),已不是"一黨專政"。

2. 其次,是政黨政治層面的考慮。

1919 年十月革命後的俄國開宗明義行"一黨制",即"一黨"之外,蘇聯境內不存在其他政黨,也不存在"政黨政治"這套政治文化。

而中國於 1949 年立國之初、未有全國人民代表大會之時,依靠"全國政治協商會議"來制定各式規章條文。"全國政治協商會議"機制,即負責吸收共產黨以外，其他政治團體、黨派的治國意見；而這個組織至今仍然存在，即大家平日簡稱為“政協”（稍後會詳談）的機制。直至今天，中國行的仍然是“中國共產黨”“領導”的“多黨合作制”。你或可認為這些“其他政黨”只不過是政治花瓶，無實質力量的傀儡；各人當然可以有不同見解，只是，即使持上述見解，也得知道，於理論層面而言，中國政治體制上行的是“一黨領導的多黨合作制”，而非體制上的“一黨制”。

做得好不好是一回事，但事實及理論層面的情況必須先搞清楚，然後再下論斷。也因此，中國政府從未停止過與香港各式政治團體的溝通，至於溝通是否成功暢順，存在各種互動因素，難以簡化。

總括而言，此處旨在提出：對中國政黨政治作抽象的“意見判斷及評論”之前，大家宜先搞清楚當代中國實在的“體制結構”及“政治理念”是甚麼。先有基本認知，才好有意見評論。

幾千年文化融和下的民族共存

有人可能會認為行聯邦制的國家比較"民主"，單一制不夠民主。

可以如何理解中國不行聯邦制的原因呢？有以下看法供大家參考。

仍然是那一句，意見可以各自表述，可是一些最根本的知識基石必須先搞清楚、搞明白。談聯邦制及單一制的問題，可留意"中國文明源遠流長"這句話的意義。

一提到"中國文明源遠流長"，大家即時想起的，可能是放在故宮冷氣間玻璃罩內的文物。沒錯，文物是歷史的見證。只是，文物可以反映歷史之同時，近在眼前、仍活着（指可以改變、修訂）的政治制度和人民生活也反映歷史 —— 你不相信？且聽下文分解。

中國選取單一制而非聯邦制其實是順歷史而來的抉擇。

仍以美國為例，美國於 1776 年立國，發展至今只有 230 多年歷史。距今 300 多年前，它是西歐流放犯人的一片新大陸。自 1620 年第一批歐洲清教徒乘"五月花"號抵達新大陸的東岸後，英、法、西班牙的移民開始湧至。新大陸經 17、18 世紀的發展及獨立戰爭，於 1776 年立國。而"美國人"，其實是由世界各洲的民族及原居民印第安人合成的。由開發到建國，美國這片新大陸只有 200 多歲，兩百多年對一個人來說可能是長得不可企及的時間段落，可是對國家、民族的融合而言，200 多年算不上"久遠"，因而當年的美國選擇了州與州之間不需要事事統一的聯邦制。1861 至 1865 年的南北戰爭，即因為州與州之間、尤其是南北兩方對是否取消奴隸制有不同意見而發生。

相對之下，中國是四大文明古國之一，不同民族在漫長的歷史進程中因自然交往而融合，你中有我，我中有你。以中國西北各族為例，早在秦漢（約為公元前 200 年至公元 200 年的 400 年間）及魏晉南北朝時期（公元 250 至 550 年間）便有過十分深遠的文化融和。另一次大融合是隋唐之後，經歷五代、宋、遼、金、西夏的分裂，至元明清的統一，當中幾百年間民族大混合、大融合，令"外族"充實了"漢族"一詞的內容，而漢族也充實、從文化上影響着各"外族"。中國除西藏（藏族）、新疆（維吾爾族）、寧夏（回族）等地是民族自治區外，現存的四、五十個民族都融入了中國這個以漢族為主的大整體，成為"中華民族"的一份子。在這樣的歷史基礎下，中國在地方管治上選擇單一制，輔之以個別自治區及港澳特別行政區方式為國家結構，有其歷史因素。

原來"中國文明源遠流長"這句話，不只見於文物豐富，還見於當下活生生的政治制度之抉擇。這體悟有趣嗎？

2. 框架勾勒

以下轉而從狹義、具體運作的角度對當代中國政治制度作簡單的框架勾勒，讓大家先有一個基本概念。之後，會在第二部分提供較詳細的解說。

1. 國家的最高權力機關：全國人民代表大會是國家最高權力機關。於各級地方政府分別逐層設立省、縣、市、鄉鎮的人民代表大會。用這種由人民直選各級人民代表的方式行使人民民主專政。

2. 中國共產黨：《憲法》規定，中華人民共和國奉行一黨（中國共產黨）領導的多黨合作制。

3. 元首：以國家主席為國家元首。

4. 國務院：《憲法》稱之為 "中央人民政府"，是國家最高權力機關 "人民代表大會" 的執行機關，也是最高的行政機關，行總理負責制。

5. 軍方：由黨和國家共同領導，以中共中央軍事委員會（簡稱 "中共中央軍委會"）及 1982 年新增的中華人民共和國中央軍事委員會（簡稱 "國家中央軍委會"）為最高領導機關。

6. 審判機關及檢察機關：向全國人民代表大會負責。這兩個機構於中國並非與人大、國務院處於同一層級，是隸屬於它們、次它們一級的機關。

7. 中國人民政治協商會議：簡稱 "全國政協"，是讓多黨、不同階層的代表合議國事的機制。

　　整個第一部分是框架勾勒，用以進入第二部分 —— 透過國情與政治制度之間的互動來檢視國家總體的政治狀況。惟有進一步明白總體狀況（本書的第二部分），讀者才可以進入第三部分 —— 正式簡述具體政治制度（也是狹義的政治制度）的規章條文及運作模式。

　　假如沒有第一部分"基本原則與框架勾勒"的大筆勾勒、第二部分"一些重要的年份"之國情加制度的引入，則第三部分"政治制度與行政機構"狹義的政治制度簡介就不會對讀者產生多大意義。因為沒有大環境、大小背景資料等基本認知烘托，規章條文的平面羅列只會是一堆堆"死材料"，不會讓讀者求得真明瞭。

第二部分

一些重要的年份

　　這部分是本書的重要章節之一，嘗試把國情與政治制度結合闡述。

　　如果要認識當代中國的政治制度，不可不知道表內的年份發生過甚麼重要大事。它們分別是 1949、1957、1966、1976、1989、1992、1993、2002、2013 年。這些年份之所以被我認為關鍵，是因為它們可以說是某一階段政治制度發展上的轉捩點。

　　至 2014 年為止，中華人民共和國建國 65 年。近十多年來，尤其是建國已超過 50 年、21 世紀的今天，不少中國政治制度學者嘗試為發展劃分階段。只要你稍稍翻看，會發現即使分段方式不同，大都離不開上述一組年份，大多以上述年份為時間段落的坐標。

　　本部分嘗試環繞這些年份細說當年，藉此為中國政治制度抓大脈絡。

重要年份與事件表

年份	重大事件	備註
1921	中國共產黨於上海正式成立。	
1949	10月1日,中華人民共和國建國。	
1950	韓戰爆發,美軍介入朝韓戰爭,揮軍直迫中國邊境(鴨綠江)。中國出兵支援朝鮮(北韓)。	
1954	第一屆全國人民代表大會召開。 新中國制定的第一部憲法於第一屆全國人大會議上被通過。會上並通過了組織法、檢察院法等五個重要法律。會上選出毛澤東為國家主席,劉少奇任全國人大委員長,周恩來任國務院總理。	
1957	4月開始"反右"運動,國民經濟因政策失當而陷入極大危機。此外,3年內有特大自然災害。	
1966	"文化大革命"開始,前期,為毛澤東權力的高峰期。	
1975	第四屆人大第一次會議依毛澤東意思修改憲法,如不設國家主席。	
1976	1月8日周恩來逝世。 9月9日毛澤東逝世。 推翻"四人幫",十年"文革"結束。	
1977	中共十屆三中全會結束後鄧小平第三次復出,主持開放改革的政策。	
1978	第五屆人大第一次會議召開,通過了"七八憲法"。 12月,中共召開意義深遠的十一屆三中全會,全面修正"文革"時期的政治路線。	

（續表）

1982	第五屆人大第五次會議對憲法作了許多重要修改，令憲法以嶄新的面目出現。此版本基本沿用至今。	
1984	鄧小平第一次南巡。提出開放沿海城市，抓緊經濟開放改革的進度。之後幾年，確是讓部分地區先富起來了，可是社會矛盾卻同時加大。	"文革"後的改革開放並非一片坦途。
1989	"六四"風波。同年6月下旬召開中共十三屆四中全會，由江澤民接任總書記。	
1992	鄧小平第二次南巡。憑個人威望堅持經改路線。	由上世紀80年代末過渡至90年代，是中國社會發展的關鍵。這一步如出錯，就沒有21世紀的"小康"局面。
1993	江澤民於第八屆全國人民代表大會第一次會議上當選為中華人民共和國主席。	
1997	7月1日，香港回歸。	
1999	12月20日，澳門回歸。	
2002	中國第四代領導人胡錦濤、溫家寶接班，政權順利交接。	政權順利交接，成世紀之交的中國大事。
2013	中國第五代領導人習近平、李克強接班。	胡錦濤"全退"贏讚譽，不留政治身份，令習近平得以全面接班，強勢執政。

1. 1921～1948 年 —— 建國前

1. 1921 年中國共產黨在共產國際的協助下於上海正式組黨，之後以 7 月 1 日作為建黨紀念日。

2. 1927 至 1949 年間，中國共產黨主要在農村革命根據地掌握政權。

3. 注意幾個年份 —— 1931、1936、1937。日軍於 1910 年將朝鮮半島變為殖民地後，旋即侵擾與朝鮮半島北邊相連接的中國東北（東三省：黑龍江、吉林、遼寧）。日軍不但暗殺難於馴服的中國頭面人物，如於 1928 年炸死奉系軍閥張作霖，更於 1931 年 9 月 18 日策劃陰謀，由鐵道"守備隊"炸毀瀋陽柳條湖附近的南滿鐵路路軌，嫁禍中國軍隊，然後以此為口實全面佔領東三省。東三省於 1931 年 9 月淪陷，史稱"九‧一八"事變。事變後日軍於東北建立偽滿洲國，把傀儡皇帝溥儀挾持於吉林長春的偽滿洲國宮殿內，企圖分裂中國主權。幾年下來，中國的情勢一天比一天困窘凶險。日軍並不滿足於只佔領東北，密謀部署南下。於危急存亡之秋，1936 年 12 月 12 日，張學良等國民黨將領發動西安事變，迫蔣介石"停止剿共，改組政府，出兵抗日"。西安事變導致了第二次國共合作，而國共合作翌年，日本即於 1937 年 7 月 7 日挑起"盧溝橋事件"，加快侵華步伐，把戰線拉開至中國華北、華南地帶，實行全面侵華。

4. 以 1930 年代的總體局面而言，就政府、領導班子的層面觀之（不是指雙方個別的抗日名將），中國共產黨一方對抗日比較積極，國民黨政府受“先安內，後攘外”政策影響，剿共比抗日更投入。中國抗日志業於 2、30 年代沒有起色，當年貪腐嚴重的國民黨政府要負上不輕的歷史責任。直至 1940 年代前後，珍珠港事件令美國參戰，國民黨政府抗日的力度才加大。

5. 1945 年 8 月日本投降、第二次世界大戰結束後的第二年，中國即陷入內戰狀態。內戰初期，雙方互有勝負。1947 年內戰全面拉開，國民黨佔上風。然而，1948 年 4 月後戰情逆轉，中國共產黨在與國民黨的軍事競爭下逐步取得政權。勝者留，敗者遁，至 1948 年年底，中國國民黨敗局已定，蔣氏政權陸續撤至台灣，據守台灣島及澎湖金馬。

6. 1947 年中國共產黨開始在解放區內制定《中國土地法大綱》，於部分已解放的區域內推行“耕者有其田”等土地改革。

7. 1948 年 4 月 30 日，中共中央發佈紀念“五一”國際勞動節的口號，並同時號召“各民主黨派和各民主團體及社會賢達，迅速召開新的政治協商會議，討論並實現召集人民代表大會，成立民主聯合政府”。

8. 1949 年上半年經過一輪籌備工作之後，9 月 17 日召開了籌備會的第二次會議，會上決定將新的政治協商會議定名為“中國人民政治協商會議”。而“中國人民政治協商會議”第一屆全體會議，於 1949 年 9 月 21 日正式開幕。

9. 成立民主聯合政府 —— 制定新政府的架構。

小提示

　　1. 必須注意 "零" 及 "零之前" 的初始階段，脉絡才算完整。因此，本書雖以 1949 後的當代中國為主，但也因應本地讀者之需要，稍為上溯 20 世紀上半葉的狀況，以便重溫 1949 以前的國情。

　　2. 有脉絡，有材料，有充足的閱讀量，才可以進入 "評論" 階段。

　　3. 於思考方法上可注意此點：討論 "政治制度" 時，必須注意制度 "身處" 的具體情況（所謂 "國情"）。政治發展和制度建設，是扣住一定的具體時空狀況（國情）而生成的，難以抽離具體狀況架空討論。

坎坷的百年近代史

讀者也許會奇怪，此書談的明明是當代中國政治制度，為何上文會長篇累牘大談中國現代史呢？

原因是論事必須注意大背景，從脈絡中辨識事理。

那怕你只對 20 世紀下半葉、"1949 年後"的"當代中國"有興趣，也不宜、不能忽視 20 世紀上半葉、"1949 年之前"的那段現代史。尤其是必須略為知道 1911 年辛亥革命後的現代中國是如何一路走來。

百年近代史與當代中國息息相關，要瞭解"今天"，不可不知"昨日"，宜先搞清楚百年來的基本國情，一些疑難才有望迎刃而解。

舉例說，有人會把"中國"與"今天由中國共產黨執政的中國"分開，愛前者不等於愛後者，可是，從中國具體歷史脈絡上看，真的可以分割開來嗎？

今天補讀歷史，當然知道 20 世紀上半葉的中國，基本上只有兩大黨較勁，一個是當時執政的中國國民黨，一個是於 1921 年成立的中國共產黨；其他黨派都是小黨，或無軍事力量，或不成氣候。

而當時執政的國民黨政府貪污腐敗，喪失民心 ——如不想讀歷史事件，可看"上海灘"式的故事，例如杜月笙的傳記。以 1927 年為例，上海被定為"特別市"，商賈名流雲集。國民黨定都南京，就是想靠近可以提供金錢依賴的上海。杜月笙這個傳奇人物從匪幫流氓於 30 年代搖身一變而為上海大亨，背後部分功勞歸功於國民黨的拉攏扶養。杜月笙等黑幫以人力替國民黨清共，又以綁架敲詐名流，當中所得的錢財利益國民黨自然沾手，而國民黨則饗黑幫以社會地位。於是，當中如杜月笙一類幹練的黑幫梟雄便從中借力造勢，在各種力量之間周旋，"生意" 及名氣如雪球般愈滾愈大。

中共與國民黨兩大黨較勁 20 多年，歷史事實是，1948 年底國民黨敗退台灣，中國共產黨於 1949 年 10 月 1 日在中國大陸建立新政權，成立中華人民共和國。中國歷史的客觀事實，就是如此一路走來。

以下，且看中國共產黨這個 "勝利者" 其實是接收了些甚麼——

1. 沒有軍備的一個 "弱勢大國" —— 明清以來，中國軍事力量日漸薄弱。已腐敗的滿清八旗兵，以及彷彿頗成規模、由漢人（曾國藩、李鴻章）籌建的湘、淮二軍，都沒有能力阻止歐洲列強及日本闖關。甲午一役，連當年的小國日本也可以打敗滿清軍隊。之後，更被西方用鴉片荼毒、戰艦與炮彈叩門，城破國危。

2. 地方農村經濟崩潰 —— 不想讀歷史事件者，可以讀小說，如茅盾的《春蠶》、葉聖陶的《多收了三五斗》，以及蕭紅《曠野的呼喚》。寫實小說可以讓沒有歷史基礎的讀者體會、感受當年生活的質感，讓你感知當時的〝窮〞是怎麼個窮法：那是個一家人不是人人有褲子穿、夏天被迫穿冬衣的年代（夏衣仍在當舖未贖回）。那時的窮，是家貧、國貧，人苟且偷生，卻溫飽難求。那是社會無精神文明，人也連尊嚴也沒有了的一種窮法。

3. 民族企業及傳統工業因被迫開放市場、洋貨湧入而岌岌可危 —— 可參看小說或電影版的《林家舖子》。茅盾的《春蠶》、葉聖陶的《多收了三五斗》也觸及這問題。

評說當代中國政治制度得失，不可不知近百年中國歷史。

2. 1949 年 10 月 1 日～1957 年 ——
建國初期（政治體制上的過渡階段）

1949 年 10 月 1 日前

1. 1949 年 6 月 15 ～ 19 日——政治協商會議 "籌備會" 在北平召開，成立了一些委員會，分別進行新政府的各項籌備工作。

2. 1949 年 9 月 21 ～ 30 日——中國人民政治協商會議第一屆全體會議在中南海懷仁堂正式召開。

是次政協會議決定了：中國首都定在北京；以五星紅旗為國旗；義勇軍進行曲為國歌；決定採用世紀西元紀年；最重要的是，選舉了中華人民共和國中央人民政府委員會。

中央人民政府委員會的選舉結果如下：毛澤東被選為中央人民政府主席；副主席包括朱德、劉少奇、宋慶齡、李濟深、張瀾、高崗；中央人民政府委員有陳毅等。各人於 10 月 1 日中央人民政府委員會上宣佈就職，在正式就職後，由主席宣佈 "中華人民共和國中央人民政府正式成立"。

1949 年 10 月 1 日後

3. 1949 年 10 月 1 日中央人民政府正式成立，並舉行了隆重的開國大典。之後，接受政治協商會議草擬的《共同綱領》（乃 "中央人民政府" 建立的法律依據，全名為《中國人民政治協

小提示

　　讀書要有細節，知識才會讀得透。

　　平日不斷說＂1949年＂後新中國成立 —— 這是大概的論述。新的政治體制並不是一步跨過1949年10月1日這一天便＂完整＂地＂甚麼都有＂。

　　當時的中國整體上仍貧困落後、百廢待興，一些日後很關鍵的政治結構要麼仍處於草創、試行運作的階段，要麼是尚未建立。

　　值得注意的是：

　　1. 全國人民代表大會於1949年後並未即時設立，職能由中國人民政治協商會議（尤其是第一屆）暫代。

　　2. 由於正式的行政體系尚未建立，沒有國務院等機構，於是一切具體運作由＂中央人民政府＂，以及它的＂常委會＂來代行。

　　3. 中國第一部憲法及全國人民代表大會，要到1954年才確定下來。

商會議共同綱領》）及《中華人民共和國中央人民政府組織法》為中央人民政府具體的"施政綱領"。《共同綱領》在 1954 年第一部憲法頒佈之前，起了臨時憲法的作用。

4. 對照《共同綱領》和《中央人民政府組織法》，你會發現建國初期的"中央人民政府委員會"兼有"國家最高權力機關"（後來的"全國人民代表大會"擁有此權力）和"國家最高行政機關"（後來的"國務院"為國家最高行政機構）的雙重性質。

讀到這裏你可能已心生疑問：按照《共同綱領》的規定，"全國人民代表大會"才是"國家最高權力機關"，而不是"中央人民政府委員會"，為何不及早選舉全國人大代表呢？困難得要四年多之後才召開第一次會議嗎？

問得好，確是非常困難。稍後說明原因後，不熟悉現當代中國歷史的讀者可能會對答案感到驚訝。

暫且停一停，歇一歇，讓我們玩一個競猜遊戲。

年份競猜遊戲

以下是一則刊登於 2005 年 10 月 1 日《中國時報》E7 版有關"清境農場"的新聞報導。

報導中的"老榮民",即已退休、曾"抗共"、打過內戰的國民黨老兵。何正祥是老榮民,也是農場的主人之一。

閱讀下列新聞,請按內容猜測打了"ХХ"的年份為民國何年。

高山上的老榮民大爹 ——
清境農場的墾荒人何正祥

從台中上中投公路,在草屯下交流道,轉往台十四甲線,經過埔里與霧社,轉眼間,清境農場便到了。清境農場這幾年成為熱門的觀光景點,然而一般人對清境農場的瞭解卻少得可憐,也許只說得出那邊有類似歐陸的氣候、民宿、青青草原與綿羊秀。

除此之外呢?

現在七十七歲的何大爹(何正祥,民國十七年生,雲南順寧人,現居南投縣仁愛鄉博望新村。雲南人慣稱年長於父親的長輩為大爹,長於母親者為大媽。)告訴我清境農場開發初期的故事,他的話語如一絲絲陽光，穿透山裏繚繞不去的山嵐，使我看見了清境農場的另一個面貌。

ｘｘｘｘｘ年，八二三砲戰爆發，當時尚未撤退來台的雲南反共救國軍奉命突襲雲南，以游擊戰的方式牽制共軍。共軍結束攻台後，轉而對付這批神出鬼沒的異域孤軍，雲南反共救國軍寡不敵眾，節節敗退，退到緬甸國境，再轉入寮國⋯⋯

猜到了沒有？

我曾拿此則新聞讓人（包括老師及在職成年人）競猜。他們中間不少人具備不錯的基本常識，據"游擊戰""突襲"等戰爭字眼推測，認為年份應為 1949 年國民黨撤離中國大陸之前，即"ＸＸＸＸＸ"應為"民國三十八"或之前。

可是，如以為那是 1949 年以前的事情，答案是 ── 錯！意外吧？

原文為"民國四十七"年，即 1958 年！沒錯，中國大陸建國後的前幾年，大陸局部地區的狀況仍未完全控制，甚至仍有零星游擊戰。

此事足以讓我們深思 ── 我們的近當代史知識足夠嗎？豐富嗎？底子厚得足以令我們自信地事事評點嗎？對當代中國的認知，以四、五、六十年代為例，我們除了"文革"，還知道些甚麼？只知有"文革"，就算瞭解當代中國嗎？

　　建國初期的全國人民代表大會無從召開，關鍵原因在於當年中國境內仍存在小規模的零星戰事，大片解放區內的人民政權未有安定的環境籌組人民代表，於是根本不可能召開"全國"人民代表大會。於是由下而上的參政條件，於開國頭四年未可落實。國家管治任務遂由"中央人民政府委員會"代行，而"全國人民政治協商會議"則分擔了制定政治路向及政策等政治性的職務。黨的領導人都進入了國家機制（政府），積極開展工作。

　　本章要思考的問題比較多，有超過一次"停一停，想一想"介入。以下是另一次介入。

要知脈絡、知大背景，評論才會比較中肯

　　讀書要溯源，抓大脈絡的宏觀求知法，可以幫助我們為觀點定調、拿捏批判力度之準繩。

　　這態度之重要，在於有些討論抽空了具體的歷史狀況、歷史脈絡，意義就會被切平，理解也會流於片面，所下的評說也不一定準確。

　　舉例說，有評論認為"政協"是花瓶，並由此批評中國政府"好耍花樣"，"裝點門面"。

表面看來這些評論"不無道理"。只是，如不太情緒化地看待當代中國政情，或可先搞清楚一些基本事實。不一定要改變你的看法，但起碼多一些細節：

證之於歷史，政協最具影響力、作用最大的時候，是整個國家的政治制度仍未籌組確立之時。此時全國人民代表未組織起來，大會仍未召開，各種制度也有待設立。

在這樣的背景下，政協固然十分重要，這是歷史造成的客觀事實。而日後各機制紛紛建立，並開始分工、各有專職，國家草創階段的機制如政協，難免要轉型或部分功能被取代。政協的部分功能被取代，但政協機制仍然存在，只是顯然非轉型不可。政協由建國初年"握實權"，轉而成為"發揮多黨合作、只議事、提交議案"的機制，這是歷史發展的必然後果，很難以陰謀論胡亂釋之。對於政協有否被"冷落"，要從後來各式機制已確立，政協的職務被瓜分的角度來理解。情況一如正式制定了中國《憲法》之後，政協的《共同綱領》因"完成歷史任務"，自然要退下歷史舞台一樣。

也許有人對政協"無實權"很有意見，這是可以理解的，而且作者本人亦認同可以按需要而有所改變；只是從道理上說，大概不能以"形同虛設"、"用專制替代議事機制"來理解政協身份及角色之轉型、轉變。

5. 1952 年第一屆全國人民政治協商會議任滿，此時曾思考要繼續以政協會議來代行人大職權呢，抑或勉力籌組及召開全國人民代表大會？此外，也曾討論需否盡快制定新憲法來代替《共同綱領》。最後決定，於 1954 年召開全國人民代表大會，並着手籌組班底制訂正式的憲法，以便在第一屆全國人民代表大會上予以通過。

6. 1953 年中央人民政府制定了三個五年計劃。

7. 1950 ～ 1953 年間，朝鮮半島上韓國與朝鮮（南北韓）發生戰爭。美軍援韓，打退朝鮮後渡江北上，直逼鴨綠江、中國邊界。當時於國際社會有冷戰思維，中國捲入了"抗美援朝"的戰爭之中。

8. 1954 年國家憲法頒佈後，不但政協的功能減少了，連"中央人民政府委員會"此過渡性機制，也因為有正式單位及機制瓜分其職務而告取消。

國務院在實際執行上、行政上取代"中央人民政府"；而舊制中央人民政府委員會在立法等方面的職權，大部分劃歸已開始運作的全國人民代表大會及其閉會時的常設機制全國人民代表大會常委會。

9. 1954 年 9 月 15 ～ 28 日，第一屆全國人民代表大會第一次會議在北京隆重開幕，並在會議上通過了中華人民共和國的第一部憲法。與此同時，毛澤東當選為中華人民共和國主席，朱德為副主席，劉少奇任全國人大委員長，周恩來為國務院總理。

10. 1956 年 9 月 15 ～ 27 日舉行中國共產黨第八次全國代表大會，會議吸取蘇聯黨二十大會議批判史達林搞個人崇拜和個人集權的教訓，通過新黨章，刪去以毛澤東思想作為黨的指導思想的舊提法，同時決定實行黨代表大會年會制，還根據毛澤東的提議，採取黨代表大會常任制。

小提示

　　1949 年 9 月 21～30 日，召開中國人民政治協商會議第一屆全體會議。

　　1954 年 9 月 15～28 日，第一屆全國人民代表大會第一次會議隆重召開。

　　這是兩個值得記下來的年份。方便你對中國政治制度作階段性的記憶。

3. 1957～1966 年 —— 歷史的轉捩點（反右鬥爭至“文革”前夕）

1. 1956 年 4 月 25 日，毛澤東在中國共產黨“中央政治局擴大會議”上提出“百花齊放，百家爭鳴”的方針（“雙百方針”）。

2. 中國共產黨第八次全國代表大會通過的新黨章（指“刪去以毛澤東思想作為黨的指導思想”一說）並沒有貫徹執行。毛澤東當時仍極具影響力，此事可參看以下第 7 點。

3. “大鳴大放”之後，“反右”活動於 1957 年底激烈展開。

4. 1957 年，政治上開始“反右”；經濟方面，第一個五年計劃勝利完成。

5. 不幸地，第一個五年計劃成功完成任務後，經濟改革開始不合理地加速發展。1958 年，中共第八屆全國代表大會第二次會議上提出“鼓足幹勁、力爭上游、多快好省地建設社會主義”的總路線，經濟發展進入人民公社和“大躍進”階段。全國的中心任務從政治上的“反右”轉移到經濟建設上的“大躍進”，“反右”運動逐漸靜止下來。

6. “反右”運動對當代中國政治的影響，在於令建國初階段、約 1953 至 1957 年間的快速而和諧的發展有變，由重視社會經濟建設，轉到政治掛帥，強調矛盾和鬥爭，為文化大革命埋下伏筆。

7. 1958 年 8 月 20 至 8 月 23 日，發生了持續三天的“炮打金門”事件。此事盡顯毛澤東過人的軍事謀略，亦見他當時完全掌握實權。炮打金門不但由他構思策劃，更由他直接任命將領及指揮作戰。毛澤東在此事上一石數鳥，既試探了國際社會的反應（主要是美國協防台灣的決心），也試探了台蔣對國家統一的底線。1893 年 12 月出生的毛澤東，當年已快 65 歲，卻仍思想靈活、謀略獨到，出處進退步步是奇着，精力過人。沒有退下火線的他，精力轉至國內問題時，不幸引爆了晚年的十年"文革"。

小提示

1958 年的 "炮打金門" 事件

1958 年 8 月底發生，持續了一個月的 "炮打金門" 事件，值得教授中國當代史的老師以獨立個案方式作進一步探討。此處點出事件值得深究的各個層面。

讓認知從地圖開始

1949 年國民黨除退守台灣，除接管台灣本島外，還擁有離台南縣不遠的澎湖列島，以及距台灣頗遠（足足隔了整個台灣海峽）、反而極貼近中國大陸廈門市的大小金門二島。

光看地圖，讀者且停一停，想一想，你發現了甚麼問題？

留下爭執瓜葛，就留下了關係

二人交往，如真想分手，最徹底的方法是割離一切瓜葛，乾淨利落地割席斷交。倘若留下藕斷絲連的手尾，雙方是否真想分手值得懷疑。大小金門二島於中國共產黨與國民黨之間就是讓彼此剪不斷、理還亂的"藕絲"。明乎此大家也許會明白 1949 年時因何中國共產黨不索性連金門也打下來，台灣方面被打退了，卻怎樣退也不乾乾淨淨地退到澎湖。

建國九年後試驗底線

炮打金門發生於建國九年之後。當時美國在冷戰思維下支持台灣的蔣介石政權、協防台灣，也以台灣為圍堵中蘇共產政權的馬前卒（美國另一重要棋子是日本）。以下從中美台三方面簡介炮打金門一事的意義。

1. 中國方面：建國後福建省經常受襲。1955年周恩來於萬隆舉行的不結盟會議中強調希望以和平方式統一台灣。可是1955、1956兩三年間，台蔣因為有美國支持，不但加強間諜滲透活動，也積極部署"反攻大陸"。毛澤東看準了美國於50年代中介入中東戰爭，兵力無暇東顧，於是謀議炮打金門以定大局。"直接打蔣，間接打美"，目的是試探美國及台灣蔣家政權的底線。

2. 炮打事件發生後，美國曾調動軍艦巡邏台灣海峽，卻捨此之外別無動靜。經一輪外交斡旋後，更建議台蔣放棄大小金門二島，完完全全地退守台灣島。台蔣政權對提議大為反感，不予接納之餘，並於此事上與美國關係出現裂縫。

3. 因為中國大陸其實沒有打下大小金門二島的決心，因而台蔣最終仍擁有大小金門二島。即是說，彼此也認同中台為一個中國；台灣不會退到與中國大陸"毫不相干、兩不相犯"的境地，然後自立為"台灣國"。

　　"炮打金門"事件平息之後，接下去的數年間，大陸仍不時向金門發炮，但據今天已公開的資料顯示，當中有不少為"空心炮彈"，沒有殺傷力之餘還射向無人荒地，而台灣方面也不時還擊；此外，雙方又有單打（單數日子）、雙不打等默契，你來我往的炮火成了雙方的另類溝通。

　　雙方的真假對峙，至 1990 年代完全停止。而改革開放後的 1987 年，廈門市及大小金門更曾於年初一、七時正，在天空你一發、我一發地互射 —— 煙火，隔海互致問候，共慶新春。而今天的大小金門，已成小三通的橋頭堡。

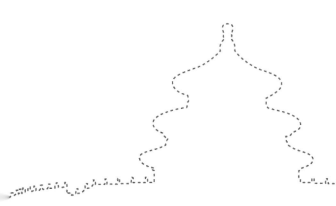

4. 1966～1977 年 ——"文革"十年

1. 1964 ～ 1970 年間發射"兩彈一星"（原子彈、氫彈、人造衛星）。

2. "文革"，全稱是"文化大革命"，始於 1966 ～ 1967 年間。1966 年 8 月 8 日，中國共產黨第八屆十一中全會通過《中國共產黨中央委員會關於無產階級文化大革命的決定》（簡稱"十六條"），"文化大革命"一語首次公開出現在中國共產黨中央委員會的文件之內。"文革"十年被認為是"浩劫"，期間社會失序，於上一階段設立的國家機制也無從運作。至 1976 年 9 月，毛澤東逝世。"四人幫"見華國鋒並未聽命於他們，準備把他推翻。10 月 6 日，華國鋒先發制人，在軍隊的支持下逮捕"四人幫"所有成員，文化大革命至此倉皇落幕。

3. 1969 年 4 月 1 ～ 24 日，中國共產黨第九次全國代表大會召開，把每年一次的大會制度改為五年一次。當時為"文革"高峰期，中國政治制度雖已初立，可是大部分機制都無法如常運作。

停一停，想一想

1981年官方已公開否定文化大革命的做法

　　1981年1月，中華人民共和國最高法院對"四人幫"的罪行進行了公開審判，並判處了相應的刑罰。5個月後，1981年6月27日，中國共產黨於第十一屆六中全會內發表了《關於建國以來黨的若干歷史問題的決議》，決議內更清楚否定了文化大革命的做法，並確定毛澤東要為"文革"負責任。中國官方的正式說法認為，"文革"是"由毛澤東錯誤發動和領導、被林彪、江青兩個反革命集團利用，給黨、國家和各族人民帶來嚴重災難的內亂。"

　　建國初期，由於毛澤東對中國革命和建設的偉大功績，使他的聲望達到最高峰。可惜的是，與此同時，他也逐漸脫離實際情況，並試圖把個人威望凌駕於國家與黨之上，使建國前一階段確立的政治制度——由國家和黨集體領導、實行民主集中制的原則受到嚴重破壞。

　　以上是中國領導層於1981年便已確定的說法，有公開的文獻為證。

　　實事求是，從中想指出幾點體會：

1. 於中國政府、政治制度，以及領導人層面而言，中國官方一開始便沒有迴避"文革"是一場禍害，而且於1980年代初已公開否定了文化大革命的做法，並從制度至憲法層面把"文革"期間的改動修復過來。以上是極為重要的基本事實。

有關"文革"的反思反省、指出"文革"的禍害時，必須尊重一個基本事實——就是即使是中共中央，官方版本也沒有"包庇'文革'"、"迴避指出'文革'是禍害"。

指明此點，不是要阻止人們繼續揭示"文革"罪行，以及反思"文革"的禍害（尤其是對有親友遇害或自己就是受害者的人士而言），在此只想重申，反思歷史事件意義無疑極為重要，只是，理路必須清楚，並分清層次，惟其如此，反省才會深入及有意義。於本地而言，我發現原來並不是太多人知道中國官方並沒有"迴避指出'文革'是禍害"此基本事實——沒有誇張，情況確是如此。不少人到現在仍以為中國政府否認"文革"對社會、對人民造成重大損害，並試圖迴避，不許談。但證之於文件，事實並非如此。

2. 一般人於上述認知上的誤差、理路上的粗疏，引申出不少怪現象。其一，令舉凡涉及"揭發""文革"禍害的讀物（由資料整輯，乃至虛構的小說）都無端被賦予"對抗中央"的"民主光環"。一涉及"文革"題材，不管作品本身是否寫得好、材料是否可信真實，已即時產生一種不明說、卻存在的"正義光環"效應，被讀者自動加分，也不深究書中真偽。以章詒和的《往事並不如煙》，港版《最後的貴族》一書為例，已有文章及當年知情學者姚錫佩指出，章詒和書內對周穎的指責有捏造成份，詳見《信報》2004-5-15 及 2004-5-22 分上下刊出的《為周穎辨正 —— 讀章詒和之後》一文。而章書於港台兩地，被讀者當作 "史實" 來閱讀。港台兩邊都有類似的情況。而某些不一定很負責任的作者，甚至已懂得 "反過來利用敏感題材" 於書海中突圍而出。在類似的情況下，嚴肅的歷史反思，其實並沒有好好地進行。

3. 2005 年初，廣東省澄海市塔山風景區內已開設了一家民間營運的 "文革" 紀念館，此事於該年 4 月被《汕頭都市報》廣泛報導，而紀念館到現在仍如常運作。

這一個 "停一停，想一想" 的小盒子，該是本書內最艱深的一個了。讀者不必即時有反應，宜先深入思量箇中曲折，慢慢消化內容訊息。

5. 1978～1988年 —— 鄧小平復出 與改革開放前期

1. 1977年8月，召開了中國共產黨第十一次全國代表大會（華國鋒為中共中央主席；葉劍英、鄧小平、李先念、汪東興為副主席）。

2. 1978年12月18日召開了非常重要的中國共產黨十一屆三中全會。會議上全面糾正了文化大革命的"左傾"路線，鄧小平更在會上提出"解放思想、實事求是"，此後中國共產黨的工作重心轉移至現代化建設及改革開放。也進入了人稱"鄧小平時代"的階段。

3. 1980～1981年間，中國共產黨十一屆五中全會上，胡耀邦出任黨總書記。至十一屆六中全會時，華國鋒辭去黨主席之職，由胡耀邦接任。

4. 在改革開放的過程中，出現若干社會問題。尤其是於1985年前後，官倒貪腐、農民稅項太多太重、國企轉型有的成功有的失敗等等……令社會矛盾加劇。改革開放備受批評及質疑。

5. 鄧小平在1986～1987年間曾提出要加快政治體制改革，以配合經濟轉型。

6. 1987年10月中共第十三屆代表大會決定把政治體制改革提上全黨日程，並且要從黨政分家、進一步下放權力、改革政府工作機構等七個方面入手。

7. 1988 年 7 月成立了半官方的中國政治體制改革研究會。由黨中央辦公廳副主任周傑任會長，黨中央顧問委員會副主任薄一波任名譽會長，並於 7 月 12 日上午在人民大會堂召開中國政治體制改革研究會成立大會。一切看來都事在必行。

停一停，想一想

"經改" 如何令社會總體產生利益矛盾
—— 以 "官倒" 為例

本書談的是政治制度，卻不斷引入國情為背景，並嘗試勾勒大脈絡，是有原因的：沒有脈絡，就看不明制度，也不知道如何評價個別議題。

"文革" 十年於新生的中華人民共和國來說是一次致命的衝擊。四人幫被捕被審、政治上否定 "文革"，撥亂反正，是面對過去的必須做法；然而，未來呢？下一步可以怎樣走？這是十年 "文革" 後有志於國事者的大考驗、大問號。

以 73 歲高齡第三次復出的鄧小平有他堅定的答案 —— 讓國家改革從經濟開放改革做起，再度出發。而且，鄧小平打算經濟改革先行，政治制度改革隨後。

可以說，從 "文革" 走出來的中國，並不一定可以走出生天，因為國家整體元氣大傷。無論如何，經濟上的開放改革，是當時的唯一出路；畢竟，你得解決當年 11 億人口的溫飽問題。

可以說，1980 年代上半葉，整個社會都在急速變化中活起來；與此同時，社會矛盾及弊病也叢生。鄧小平先知先覺，於 1980 年代中已提出要加快政治體制改革，以配合經濟轉型。而在 1987、1988、1989 年三年間，於經濟以至政治上確實有過一些"大動作"。於 1989 年"六四"事件之前，以鄧小平為首的中國政府已意識到社會矛盾加劇，與制度跟不上經濟改革有關，遂着手籌劃進一步的政治體制改革。

政經總體制度與某單項經濟改革之間存在矛盾是怎麼一回事呢？說起來非常複雜，以下嘗試用由"價格雙軌制"引致的"官倒"為例，把矛盾向讀者具體闡陳。搞明白這個例子，你就會明白經濟改革因何必須有整體性的制度改革跟隨。而以鄧小平為首的改革派，深知當中奧妙。

"官倒"是中國 20 世紀 80 年代特有的現象。它建基於一個條件，就是當時的中國有物品價格"雙軌制"這回事。

當時的中國經濟體制正處於改革的過程中，即要由"舊的經濟"（計劃經濟加國有企業的結構）向新的經濟模式（不同程度的市場經濟）過渡。轉變中首當其衝受影響的是物品的價格，尤其是原材料及糧食類貨物。這些生活上的關鍵物資從前都由國家劃一價格，令貨價偏低。一旦走市場經濟的發展道路，貨價由市場供求釐定，物價一定急升。於是在 80 年代中後期政府提出 "價格雙軌制"，即讓部分貨品（尤其是近乎必需品的生產原材料如鋼材、能源，以及食物）存在 "計劃價格" 及 "市場價格" 的雙軌制；貨品除按具有供求關係調整的市場價格之外，尚有另一特定的、低於市場的價格，間接解決部分企業及市民的具體困難。

雙軌制的原意是一種減低社會矛盾的、有限度的補貼，旨在於計劃經濟框架內求突破，以期讓經改走出第一步。可是，問題來了。一些手中握有資源分配權的官員，由於調撥物質的行政權操之於手，輕易便從巧妙的調撥中牟利。他們本人或透過中間人把計劃價格（低於市場價）的貨品，以非計劃價格倒賣到自由市場內求取暴利，這種現象就叫做 "官倒"。那時利用手中權力鑽價格雙軌制的空子，確令一批人一夜暴富。

在 1989 年的 "六四" 風波中，"打倒官倒" 是示威學生和民眾的重要訴求之一。

上述例子中的 "價格雙軌制" 原意是平衡物價，不意卻變質為貪腐的病灶。官員本身固然有問題，但也因為 "價格雙軌制" 政策在構思上有漏洞，而且沒有其他機制監督官員運作，"官爺" 才可以輕易地貪起來、腐起來。

因此，自 1990 年代初開始，經濟發展和改革不再單項出擊，也不走邊試邊改的路數，強調價格、稅制、財政、投資體制及法規等不同環節之間的互相配套，也強調經改必須有整體的政治制度來配合。

鄧小平於 1986 年即強調："現在經濟體制改革每前進一步，都深深感到政治體制改革的必要性。不改革政治體制，就不能保障經濟體制改革的成果。"①

① 《鄧小平文選》第 3 卷，人民出版社，1993 年版，頁 164。

6. 1989～1992 年 ——"六四"事件、鄧小平二次南巡（風波後、曲折中維持改革開放的大方向）

1. 1989 年 "六四" 政治風波後的三、四年，是脆弱、關鍵的微妙時期。

2. 1989 年初創辦了會刊《中國政治體制改革》雙月刊。

3. 1989 年 6 月發生 "六四" 政治風波，中國政治體制改革研究會的活動被迫停止。

4. 1989 年 6 月 "六四" 事件後，召開了中國共產黨十三屆四中全會，確立了以江澤民為首的領導班子。

5. 而 1989 ～ 1992 年間、"六四" 事件後，東歐以至蘇聯的共產政權紛紛倒台，當時的國際社會普遍認為中國政府也會隨 "蘇東波" 之後瓦解。

6. "六四" 事件後中國曾經歷一輪收緊與繼續開放改革之間的兩邊搖擺，直至 1992 年鄧小平第二次南巡，發表 "南方談話"，整個國家才又擺回開放改革的一邊。1992 年黨的十四大，也決定中國社會繼續維持對外開放，尤其是經濟體制方面的開放改革。

蹣跚前行的 1980、1990 年代交界

或可思考幾個問題：

1.“於 1980 年代中後期而言，改革適宜以甚麼方式來進行？”

回答此問題時必須注意大背景：首先，80 年代中後期距“文革”結束才 10 年；其次，此時為經濟開放改革的初階段，一切都在草創中。

在這樣的背景下可以如何解決政治體制改革落後，城市盲流嚴重，官倒貪腐等現象，確乎十分棘手。別忘記存在上述問題的這個國家，人口不是 1,000 萬、甚至 1 億，是 —— 13 億！一切“小”問題，在一個擁有 13 億人口的國家裏都會給累積成複雜的“大”問題。

2. 1980 年代中、“文革”後 6、7 年，經濟開放改革初見成績，也帶來一定弊病，中國政府本身，是想過要把政治體制的改革放上議程的 ——也着實在進行中（見上文點列資料）——擬自行改革不合時宜的政治制度。

3. 一個國家的政治狀況，收放之間的分寸如拿捏失準，貽禍的將是整個國運，影響所及可能是好幾代人。一個國家有沒有將來，就看一眾掌舵人如何導航。“六四”風波後中國國情繃緊，各種形勢在收放之間顯然以主張“收緊"的一派佔上風。

　　及後，在收放之間把大局重新扳回"繼續開放"這一方的，是鄧小平。倘若 1990 年代的中國往收緊之路走下去，肯定就沒有今天 21 世紀的小康局面。

7. 1993 年後的高速成長期
── 江澤民、朱鎔基組合

1. 1980 年代末的經濟改革並不順利，問題叢生。1988 年夏天物價改革失敗後，十三屆三中全會決定有秩序地進行相互配套的全面改革。1992 年以後在經濟發展及改革開放上都有大步伐，1994 年更於財政、外匯、金融等領域進行了綜合性的全面整頓。匯率制度、社會保障制度、國有商業銀行的注資方式，以及股票市場的監管制度，都在往後的 10 年內有重大發展。

2. 1993 年以後（江澤民任內），又再復行黨政軍三大權集中於一身的體制，即黨中央總書記、中央軍委主席及國家主席由一人兼任。

3. 1997 年 7 月 1 日香港回歸中國（1992 年 7 月 9 日，彭定康出任第 28 任港督。中英就香港回歸問題爭拗不絕）。

4. 1997 年發生亞洲金融風暴，中國沒有進行人民幣貶值，贏得亞洲各國的尊重。

1997 年的金融風暴是一場殺傷力前所未有的亞洲經濟危機，當時各國貨幣像骨牌般急挫，不少人的積蓄一夜間驟減。危機中，亞洲各國的焦點被迫集中在亞洲最大的市場 ── 中國身上。其間，中國領導人多次表明人民幣不貶值，目的是為了穩定亞洲地區以至全球經濟。人民幣如果在金融風暴颳起後也隨其他亞洲國家貶值（以保持出口的競爭力），則勢必觸發亞洲另一輪的貶值巨浪。正因如此，人民幣不貶值的決定在國際舞台上贏得了高度讚揚。

5. 社會問題仍然複雜而嚴重。貪污、農村稅項過多過重，由農村到城市打工的勞動人口（民工）權益未受保障，凡此種種，都是極大的社會危機。

6. 1997 年，北京市委書記陳希同因貪污罪被免職判刑。

7. 國內情況有其緊張的一面。1999 年 4 月 25 日上午，來自北京、天津、河北、河南、山東等地逾萬名法輪功學員，突然在中南海紅牆外聚集，圍堵中南海整整一天。此事震驚中外。（《江澤民文選》第二卷內收錄了江澤民對事件的看法。）

8. 1999 年修憲，落實保障私有產權。

小提示

97 金融風暴後中國人民幣不貶值

以下是資料補充，本地在 1997 當年以至現在，並沒有恰如其份地予"人民幣不貶值"一事以公正評價，因而在此一提。

以下是"外人"——泰國方面對人民幣不貶值的看法。

為穩定亞洲金融秩序作貢獻
——泰經濟界人士讚揚人民幣不貶值

本報駐泰國記者成元生

記者最近與一些泰國經濟學家和企業家接觸，他們高度讚揚了中國堅持人民幣不貶值以及為緩解亞洲金融危機所作出的積極貢獻。

泰國經濟學家薩崴說，在這次金融危機中，中國對東南亞國家的支援主要在三方面。首先，中國經濟保持高速發展……對遏制亞洲經濟進一步惡化起着非常重要的作用；第二，中國提供了可貴的援助，通過國際貨幣基金組織和雙邊渠道，共支援資金40多億美元。中國提供的援助僅次於美國、日本，而高於西歐國家。……第三，更為重要的是中國堅持人民幣不貶值。中國領導人曾多次宣佈人民幣不貶值，這是非常了不起的。中國不乘人之危，主動承擔巨大困難和風險，作出自我犧牲，這對穩定亞洲金融秩序，促進東南亞經濟的恢復和發展作出了寶貴貢獻。

泰國企業家巴實說，中國承諾人民幣不貶值，的確要作出很大犧牲。由於東亞國家貨幣貶值，中國出口面臨壓力。今年頭5個月，中國對東盟、日本、韓國出口下降，這也影響到中國經濟增長率。目前，中國採取措施，加大投資，擴建基礎設施；擴大內需，開拓新市場，擴大出口；提供優惠，吸引外資等。

……泰國經濟學家認為，東南亞金融危機對其他國家也是個考驗。不久前日本政府放任日元貶值，以鄰為壑，導致東南亞各國股市滙市連連下挫，東南亞金融市場再度劇烈動盪，使受金融風暴衝擊的東南亞各國經濟雪上加霜；而中國政府承受壓力，擔當風險，堅持人民幣不貶值，有助於東南亞國家振興經濟，為穩定國際金融秩序起了防波堤的作用。

　　泰國總理川立派多次表示歡迎並讚賞中國堅持人民幣不貶值政策，並感謝中國的援助和支援。

　　泰國報紙輿論指出，中國堅持人民幣不貶值政策不僅受到東南亞各國的讚揚，也得到世界其他國家的認同和讚賞。亞歐會議、八國首腦會議都對中國在亞洲金融危機中的立場和所作的努力給予高度評價，認為中國堅持人民幣不貶值是非常值得稱讚的舉措。（本報曼谷 7 月 1 日電）

原刊於《人民日報》1998-7-3，第三版。

8. 2002 年新舊領導班子平穩交接

1. 中國共產黨第十六次（屆）全國代表大會於 2002 年 11 月 8 日在北京召開，確立新一代領導層繼往開來。

2. 黨十六大實現了新老最高領導人平穩、順暢的交班接棒，意義非常重大。76 歲的國家主席江澤民在會上宣佈退任。此外，黨十六大選出來的中共中央委員會成員有大幅度年輕化的趨勢。也實行了真正的自下而上的選舉[①]。

3. 2003 年 3 月胡錦濤當選國家主席，溫家寶出任國務院總理。

4. 2003 年 4 月，發生 "SARS 事件"。中國政府態度明確地免去負責的衛生官員張文康之職務，並即時調來副總理吳儀主持全國各地防治 SARS 的大局。

5. 2004 年 9 月 16 ～ 19 日，中國共產黨召開十六屆四中全會，強調 "必須堅持科學執政、民主執政、依法執政，不斷完善黨的領導方式和執政方式"。

6. 社會問題依然嚴峻，重要的課題包括：宏觀調控中的壓抑樓市於多個重要省份內未見收效；各省存在非法圈地、違規批地；中央的政策地方不一定執行，上有政策、下有對策；問

---

① 高放：《中國政治體制改革的心聲》，重慶出版集團，重慶出版社合作出版，2006 年 4 月，頁 69。

題不少。

7. 2005 年 4 月，國民黨黨主席連戰訪問中國大陸。

8. 2005 年 12 月 29 日，十屆全國人大常委會第十九次會議高票通過以下決定：自 2006 年 1 月 1 日起廢止農業稅條例，取消除煙葉以外的農業特產稅、全部免徵牧業稅。暫定為期三年。

9. 2006 年 9 月底，中共中央政治局委員、上海市委書記陳良宇因上海社保基金弊案被免職及被捕調查。此乃自 1997 年陳希同後，中共層級最高的官員因貪污腐敗落馬。陳良宇被免職一事在國內外基本上得到好評。此事反映中國領導人對反貪腐的決心，胡錦濤、溫家寶上台後一再強調，治貪腐的成敗，"關係到黨和國家的興亡"。

10. 2006 年 10 月上旬舉行、為期 4 天的中國共產黨十六屆中央委員會第六次全體會議提出要構建 "和諧社會" 的理念，並把維持 "和諧" 提升至前所未有的執政高度。其中對維持社會和諧的舉措如下：一，把維護社會公平放到更加突出的位置，建立社會公平保障體系；二，首次明確提出以不斷完備的制度建設來維護和實現社會公平；三，將採取具體措施抑制和防範由此衍生的 "特殊利益集團"；四，將參考西方國家的經驗，建立更完善的社會利益協調機制；五，完善公共財政，減少政府對經濟的直接投入，加大對公共物品和公共服務的投入；六，在醫療衛生、教育、社會保障等幾個重點領域進行一系列的重要改革，讓低收入者和貧困群體分享更多改革和發展成果。

11. 2007 年 1 月，中國自行研發的殲—10 戰機正式服役。

12. 2007 年 1 月 8 ～ 10 日，中國共產黨中央紀律檢查委員

會第七次全體會議在北京隆重召開。會議首天，吳官正代表中央
紀律檢查委員會常務委員會作了題為《拓展從源頭上防治腐敗工
作領域，深入推進黨風廉政建設和反腐敗鬥爭》的工作報告。

反貪腐只是用來清除異己？

陳希同以及陳良宇被免職扣查一事公佈後，本地新聞媒體訪問若干"資深時事評論員"，個別人聲稱：這很可能是高層用來清除異己的派系鬥爭。

本地社會言論自由，意見當可各自表述，只是證之於朱鎔基、胡錦濤等領導人的大部分發言、他們的工作操守、為人行事以及執政方向，頗可肯定的是，領導層極清楚知道整治貪腐是成是敗，"關係到黨和國家的興亡"。當中胡錦濤對子女的要求尤其嚴格。

假如事事以"陰謀論"觀之，我們很可能會失之於偏頗。這不是真討論，也不會得到真知識。踏入 21 世紀，除了中國政府致力反貪腐，同期的俄羅斯普京政府也雷厲風行地整治貪腐現象。也恰巧是 2006 年前後，普京政府將海關、聯邦安全局、檢察院、內務部等機關內一批高官免職。

中國政府以至普京反貪腐，原因極簡單，無非是挽救民心，令初嚐經濟改革甜頭的國家社會得到真正的富強。"陰謀論"，不足以解釋兩國政府反貪的堅毅決心，也把政治與歷史發展簡單化。

停一停，想一想

起碼，一切確實在進行中

個案一：上任 54 天被免職

從 2006 年 7 月 28 日就任保定市市委書記的王崑山，於 9 月 20 日被免職，在任上僅 54 天。多方消息證實，王崑山已被河北省紀委"雙規"。

王崑山落馬的原因坊間有多種傳言。一說為涉入當地的一起黑社會性質案件，另一說為經濟原因。據河北省委一位高級官員透露，王崑山的落馬原因實為"索賄買官"。

個案二：異地調職 —— 切斷關係網及人際網

截至 2006 年 11 月，已有 6 個省份的紀委書記異地調整。省級紀委書記如此大規模的異地調整實為罕見。此間政情觀察人士分析指出，中央在全國範圍內對紀委書記排兵佈陣，是希望扭轉地方紀委反腐力度疲弱的局面。

有"制度反腐"專家指出，異地調職的主要原因有二：一是十六大以來，中央曾多次提出要"適當擴大黨政官員成員異地和交叉任職"力度，此舉無疑是落實中央這一規定；二是此舉能有效杜絕和防止地方紀委書記由於長時間在一地任職，以致在查辦當地案件時難以突破"關係網"、"人情網"的不利局面。

以 2006 年為例，內地省部級高官的涉貪案件，多數為中紀委直接查處。專家表示，省級紀委書記規模性地異地調職，顯示中央反腐的決心和信心，未來反腐會更加深入徹底。據悉，目前涉及紀委書記變動的已有廣東、浙江、湖北、安徽、河南、山西、山東、福建 8 個省，除湖北省紀委書記宋育英和山東省紀委書記楊傳升屬於本省平調官員外，其他 6 省紀委書記均為異地調職。

此外，2006 年 12 月，中央調整京津滬（北京、天津、上海）三地紀委書記的任免政策，往後將直接從中央派員出任三大直轄市紀委的"一把手"，顯示對反貪腐擬抓源頭的決心。

9. 2012年底至2013年初展開的新 局面 —— 習、李班子下的"中國夢"

中國共產黨第十八次全國代表大會（簡稱十八大）於2012年11月8日在北京召開。11月15日十八屆一中全會後，習近平當選中共中央總書記、軍委主席；2013年3月14日，經十二屆全國人民代表大會投票後，當選中華人民共和國主席和中華人民共和國中央軍事委員會主席。此外，總理李克強，七名中央政治局常委、以及中共政治局委員25人名單等等都確定下來。領導層成功換班後，中國的內政翻出新的一頁。

新班子上場，"改革"成了政府的常用詞，描述一種新常態；而"現代化"也不限於描述工農商業的發展，是政府管治及運作的新目標（"第五個現代化"見下文），令國家治理變得文明、規範、高效、科學。

"國家富強、民族復興、人民幸福"，是按客觀條件，於不同時期有不同輕重的三件事。當前習李一屆，政府把"人民幸福"的份量加重了。以中國百年近代史的大脉絡審之，中國已重新走在國家富強、民族復興的康莊大道上，成為發展中國家水平的大國。當然，中國同時是人口大國，人均收入遠未能跟發達國家相比。以亞洲區計算，也只是日本的十分之一。然而，在國家基礎有積累下，習李一任提出要讓更大部分的人民過上小康生活，活得比從前好。社會內部一切創新施政及具體執行，目的都以改善民生為主軸。

1. 領導核心以習近平為主

不同於胡錦濤國家主席及溫家寶總理這組合，習、李配以國家主席習近平為主導，內外兼管；執掌外交佈局之餘，也主持國內事務，舉例，連財經領導小組也出任主席。李克強總理主力內務，負責規劃棚戶改造工程、國內經濟調控、金融改革，以及製造業轉型升級等事宜。李克強也外訪，但次數及重要性以習近平為重心。

2. "全面深化改革、打造現代國家治理體系" 實現 "第五個現代化"

2013 年 11 月，黨十八屆三中全會頒佈了影響面闊、意義深遠的重要文件《中共中央關於全面深化改革若干重大問題的決定》（簡稱《決定》）。《決定》強調 "全面深化改革的總目標是完善和發展中國特色社會主義制度，推進國家治理體系和治理能力現代化"，令中國共產黨成為成熟、現代化的執政黨。這是首次在國家政治層面明確提出 "國家治理體系和治理能力現代化" 這一重大命題，也是中國領導人對 "中國現代化" 的新認識、新主張，一般名之為 "第五個現代化"，是繼四個現代化（1960 年提出）"工業現代化、農業現代化、國防現代化、科學技術現代化" 後的發展新目標。

在 "國家治理體系和治理能力現代化" 的目標下，總體而言，改革在不同領域全面鋪開，有序進行。2013 年 11 月提出的

《決定》，不同面向於 2014 年中已如箭在弦地或規劃細節，或試行落實（如下文會再談的司法系統）。新一屆政府上任年半內，按部就班、陸續出台的一系列改革包括：簡政放權、深化財稅體制改革、金融體制改革、戶籍制度改革、司法體制改革先行試點等，多個領域的改革漸次展開。

於治國思維上，新一屆政府強調"國家治理"而非"國家統治"，強調"社會治理"而非"社會管理"，這不是簡單的用字遣詞上的置換，是思想觀念的轉變。習近平曾強調："治理和管理一字之差，體現的是系統治理、依法治理、源頭治理、綜合施策。"

總體而言，《決定》對國家治理、社會治理提出了時間表，期望到 2020 年，在重要領域和關鍵環節改革上取得決定性成果，形成系統完備、科學規範、運行有效的制度體系。

3. 取消城鄉二元戶籍制度

2014 年 7 月底，國務院印發《關於進一步推進戶籍制度改革的意見》（以下簡稱《意見》），部署深入貫徹落實黨十八大、十八屆三中全會和中央城鎮化工作會議關於進一步推進戶籍制度改革的要求。《意見》的出台，標誌着進一步推進戶籍制度改革開始進入全面實施階段。

《意見》內有若干"堅持"，提出改革要堅持積極穩妥、規範有序；堅持以人為本、尊重群眾意願；堅持因地制宜、區分對待；堅持統籌配套、提供基本保障；期望在上述工作原則下，到 2020 年建成與小康社會相適應，有效的新型戶籍制度。用以人為本、科學高效、規範有序的新制度，努力實現 1 億左右農業轉移人口和其他常住人口在城鎮落戶。

　　具體政策措施方面,《意見》內有 3 方面、11 條具體表述。調整戶口遷移政策方面,會全面開放建制鎮、小城市落戶限制;有序開放中等城市落戶限制;合理確定大城市落戶條件;嚴格控制特大城市人口規模。對於五百萬以上的特大城市,以嚴格控制人口規模、通過積分制度、建立公開透明的落戶通道來管理人口增量。

　　在創新人口管理方面,建立 (1) 城鄉統一戶口登記制度;(2) 居住證制度;(3) 健全人口信息管理制度。

　　《意見》還要求切實保障農業轉移人口及其他常住人口合法權益,完善農村產權制度,擴大義務教育、就業服務、基本養老、基本醫療衛生、住房保障等城鎮基本公共服務覆蓋面,加強基本公共服務財力保障。

　　上述具體管理的進一步執行,意味全國人口再沒有“農業”、“非農業”之分,中國城鄉二元戶籍制度將退出歷史舞台。

　　國務院對“戶籍制度改革”設有專門網頁:www.gov.cn/zhuanti/2014hjzdgg/,上載最新政策、報告進度的記者招待會視頻及文字稿(文字稿包括現場問答),訊息發放透明、及時。習近平 13 年前的論文,正好觸及戶改路線圖;其博士論文認為取消城鄉二元戶籍制度是必然趨勢。而習近平在不同職位上,也多次表示要推動戶改。

　　由種種跡象及已開展的項目反映,以改善農民生活條件為目標的戶籍制改革,在未來十年必然有翻天覆地的變化。

4. 加建保障房、棚戶改造、試行房屋買賣新稅制

國人生活的衣食住行中，"行"有高鐵縮短距離，令中國"地大"而可"用"。地大物博既是先天因素，也需後天努力。至於"住"，是直接影響個別人的民生問題。住得好不好，是民生好壞、人民生活自我感覺幸福與否的重要指標。習李一屆，於上任之初即用不同方法及政策紓解住屋困難。過程中各區因地制宜、成績因人（主事者）而異；但總體方向已確立，以下簡介相關重要政策，以及至 2014 年中的執行情況。

（甲）保障房與商品房分途發展

住房保障是新一屆政府的重大民生工程。總體策略是在推進城鎮住房商品化之同時，也推進住房保障工作。自從 2008 年第四季度以來，中國大規模實施了城鎮保障性安居工程，加快租賃型和購置型的保障房建設，也加快各類棚戶區改造（見下一點）。經過多年的嘗試和實踐，中國已逐漸形成市場供給與政府保障相結合的城鎮住房政策框架。一方面，積極推進城鎮住房商品化，支持有經濟能力的居民家庭通過商品房市場滿足多層次的住房需求；另一方面，考慮到總會有一部分群眾，由於就業不足、收入較少等原因，住房困難不可能依靠自己的努力去緩解，這方面的民眾，便要政府"補位"。實施住房保障，是滿足這部分群眾的基本住房需要。

2014 年，中央財政預算安排城鎮保障性安居工程補助資金 1980 億元，較 2013 年實際下達數增加 250 億元。截至 2014 年 4 月底，已開工 286 萬套（其中各類棚戶區 184 萬套），基本建成

125 萬套，分別佔全年目標任務的 40% 和 25%，與 2013 年同期基本持平。2014 年 1 到 4 月份，完成保障性安居工程投資 3600 億元，比去年同期多 1100 億元。隨着城鎮保障性安居工程的大規模實施，中國住房保障政策體系和組織實施機制在不斷改善。

小提示

2020 年的住房目標

按照計劃，到 2020 年全面建成小康社會時，絕大多數城鎮家庭都能夠居住上符合文明、健康標準的成套住房。為達到目標，重點推進以下幾項工作：一是，完善住房保障頂層設計，出台《城鎮住房保障條例》，推進住房保障法制化、規範化；二是，堅決把抓建成、促入住作為首要任務，加快推進保障房建設和棚戶區改造，完成各項建設任務；三是，下大力氣推進各類棚戶區改造，依法依規做好徵收補償、安置、資金籌措、品質監管、公平分配等各項工作；四是，切實抓好保障房後續管理，在准入、使用、退出等方面建立規範機制，努力實現住房保障公共資源公平善用。

（乙）棚戶改造

中國城鎮住房中，存在一些棚戶區住房，這些住房結構簡陋、居住擁擠，基礎設施條件差。居住在其中的，大多是低收入家庭。推進棚戶區改造之所以是習李一任的重點施政，是因棚戶改造是民生工程，改善民眾的"家"，直接改善群眾的生活品質。"安家"，有利增強經濟發展活力，提升城市發展。2014 年的《政府工作報告》提出，要更大規模地加快棚戶區改造工程，並明確了"改造約 1 億人居住的城鎮棚戶區和城中村"的任務。在確定年度建設計劃時，明確提出棚戶改造目標——2013 至 2017 年間要改造 1,000 萬戶（見"停一停，想一想"）。

2004 年 12 月，李克強遼寧省委書記一職上任才 12 天，便到棚戶區調研，當場作出"讓百姓搬出棚戶區"的承諾。隨即，包括 14 個市、改造面積 1,212 萬平方米、涉及 34.5 萬戶 120 萬人、牽涉 130 億元資金的"世紀大拆遷"項目在遼寧展開。遼寧棚戶區改造工程於 2005 年 3 月 16 日全面啟動。李克強在 2014 年中考察天津棚戶區時說："棚戶區是歷史欠賬，也是城市傷疤"。中國全國不同省份內的棚戶區改造，成了習李一任的重要施政。

停一停，想一想

能做到公道評價
發生在中國土地上的事情嗎？

—— 例如，有沒有留意及肯定棚戶區改造是中國了不起的偉大政績

對發生在中國土地上的某些事情，如透過同級、同層次的比照，也許可以幫助我們作出公道的評價。

以改善低收入、甚至零就業者的居住條件而言，中國政府確是做出了值得肯定的佳績。中國和平崛起，有說是世界歷史上最大規模的脫貧運動。不要忘記中國人口眾多，發生在其他國家的困難，在中國因人口"量"的龐大，會以倍計的效果出現。人口於中國是一體兩面，既是紅利，也可以是負擔。

實事求是，環顧世界各個發展中國家水平的國家、以及新興市場國，限於國力及執政能力，不少都長期存在沒有前景的貧民窟（slum）。

在貧富嚴重不均而且改變近乎無望的情況下，不少國家在繁榮都市的旁邊，定必有"垃圾山"及依附垃圾山生存的貧民窟。菲律賓首都馬尼拉市郊 Payatas 便有一個上世紀八九十年代已存在、無人有能力處理、情況不斷惡化的著名垃圾山及貧民窟。這個約三十公頃、七八層樓高的垃圾山一般稱為 Smokey Mountain，旁邊就是馬尼拉市最大的貧民窟。1990 年代中，垃圾山曾崩塌令 200 人活埋。貧民窟附近的墳場，因鋪有水泥地，成了失學小孩或成年人的好去處。貧民窟人滿為患後，新至的貧民甚至把居所"搭建"在水泥墳墓上。菲律賓導演 Ferdinand Dimadura 在 2010 年為 Payatas 垃圾山及依存在旁邊的貧民窟拍過短片《Chicken a la Carte》（詳情可參看：http://blog.yam.com/bomba/article/32022064）。

　　作為發展中國家水平的人口大國，中國就算在人口多數零就業的村鎮、城中村，即使存在居住條件過度簡陋的棚戶區（例如房屋漏水，廁所要用公廁等），也沒有出現過像菲律賓式、在發展中國家及新興市場國不時出現的貧民窟。不只如此，在國力有累積的 2000 年後，棚戶區改造更成為政府的核心施政之一。

　　2013 至 2017 年的全國棚戶改造項目，是中國的"世紀工程"，也是值得大加肯定、中國共產黨治下的惠民德政。

停一停，想一想

各種住房的具體建設數字

　　黨中央、國務院先後確定"十二五"時期（2011—2015）開工建設各類保障性住房和棚戶區改造住房 3,600 萬套（戶）、2013 年至 2017 年改造各類棚戶區 1,000 萬戶的目標。

　　2011 年至 2013 年底，全國城鎮保障性安居工程累計開工近 2,500 萬套（其中，棚戶區改造近 1,100 萬戶），基本建成 1,500 多萬套。到 2013 年底，全國累計用實物方式解決了 3,400 萬戶城鎮家庭的住房困難（其中，2011年至 2013 年間新增解決了約 1,200 萬戶）。

（丙）試行房屋買賣新稅制

　　在"市場供給與政府保障相結合"的雙向住房框架下，讓商品房存在於各線城市是必然及必需的事實。然而，為免炒賣樓房、推高樓價引致經濟泡沫，中央政府在 2012 年前後，出台"限購令"、限制銀行樓宇按揭借貸等壓抑需求的政策，調控分寸拿捏在控制樓價升幅過快，卻又不至於令樓市崩盤之間。2014年中的調查反映，商品房在不少大城市乃至二三線城市已製造價跌的心理預期。而正在此時，部分城市、尤其是非一線的大城市，開始鬆綁限購令。原因是部分省市的政府開支由賣地支撐，樓市崩盤直接影響地方債的償還能力。地方政府的財務結構轉變需時，在轉變與調控的過渡期內，樓市不可猛升，也不宜垮塌。於是中國的樓市有市場因素之餘，同時有"政策面"、有形之手的干預。

另一種把樓市升值合理化的手段是稅制改革。中國人的生活方式不同於西方社會，住房買賣除解決生活實際需要，還作投資用。樓房因社會發展土地增值而價升，炒賣的可能從而存在。為此，中國政府以"房產增值稅"來平衡社會與個人獲益的利益分配。2011 年 1 月，重慶首筆個人住房房產稅在當地申報入庫，其稅款為 6,154.83 元。2012 年 8 月 12 日，30 餘省市地稅部門為開徵存量房房產稅做準備。2013 年 7 月，房產稅再次改革，考慮擴圍，討論是否於可見將來加入其他房價也猛增的城市，如杭州。

房產稅以至其他稅務的完善執行，對中國政府及社會的意義極為重要。至 2014 年中，房屋買賣增值稅及有關稅務，仍只處於從試行中吸取經驗的階段，一切仍在發展中。

5. 依法治國、將權力關入籠子裏

現代化的政黨，必須實施依法治國，將自己的執政行為規範化、制度化。中國共產黨在習近平一屆尤其強調依法治國，十八大以來多次提及（見本書附件）。習近平口中的"將權力關在籠子裏"，就是這概念形象化、讓老百姓聽得明白的生動演繹。

有關依法治國的重要原文，節錄如下：

2013 年 4 月 19 日，習近平在中共中央政治局第五次集體學習時的講話內提到："制度問題更帶有根本性、全域性、穩定性、長期性。關鍵是要健全權力運行制約和監督體系，讓人民監督權力，讓權力在陽光下運行，把權力關進制度的籠子裏。"

2013 年 6 月 18 日，習近平在黨的群眾路線教育實踐活動工作會議上的講話內提到：

"制度一經形成，就要嚴格遵守，堅持制度面前人人平等、執行制度沒有例外，堅決維護制度的嚴肅性和權威性，堅決糾正有令不行、有禁不止的各種行為，使制度真正成為黨員、幹部聯繫和服務群眾的硬約束，使貫徹黨的群眾路線真正成為黨員、幹部的自覺行動。

不管建立和完善甚麼制度，都要本着於法周延、於事簡便的原則，注重實體性規範和保障性規範的結合和配套，確保針對性、操作性、指導性強。"

完善黨的領導體制和執政方式的戰略思想，是未來治黨與治國的一大發展重點。而想實現這一目標，健全完善中國共產黨黨內法規體系必不可少。"黨內法規"是十八大以來的重要概念。在中國，如要推進依法治國，建設法治中國，就必須推進依法執政；而要推進依法執政，就必須在中國共產黨黨內也實行法治；在黨內實行法治，就必須規範黨內法規。這些黨內法規的建設，是規範依法執政，黨要管黨、規範黨的決策行為，保證科學民主執政的重要內容。至於以前一些不規範的做法，在發展過程中逐步清理。

6. 反貪腐、行節約

依法辦事與反貪腐是一體兩面。兩者並舉，反映習近平一任，黨與政府的改革是有序開展，環環相扣，謀定而後動，準備十足。以反貪腐、行節約為例，由形勢看來並非"新官上任三把火"，是在"黨內立法"（依法治國）配合下，"常態化"、有持續性、長期執行的既定國策（見"停一停，想一想"）。以下是習近平上任後推出的"八項規定"，以及一連串相關的規定及決議。

2012 年 12 月 4 日，習近平總書記主持召開中共中央政治局會議，審議通過了中央政治局關於改進工作作風、密切聯繫群眾的八項規定。規定內容如下：

- 要改進調查研究，切忌走過場、搞形式主義；要輕車簡從、減少陪同、簡化接待。

- 要精簡會議活動，切實改進會風；提高會議實效，開短會、講短話，力戒空話、套話。

- 要精簡檔簡報，切實改進文風，沒有實質內容、可發可不發的檔、簡報一律不發。

- 要規範出訪活動，嚴格控制出訪隨行人員，嚴格按照規定乘坐交通工具。

- 要改進警衛工作，減少交通管制，一般情況下不得封路、不清場閉館。

- 要改進新聞報導，中央政治局同志出席會議和活動應根據工作需要、新聞價值、社會效果決定是否報導，進一步壓縮報導的數量、字數、時長。

- 要嚴格文稿發表，除中央統一安排外，個人不公開出版著作、講話單行本，不發賀信、賀電，不題詞、題字。

- 要厲行勤儉節約，嚴格執行住房、車輛配備等有關工作和生活待遇的規定。

2013 年 10 月 29 日，中共中央政治局會議通過了《黨政機關例行節約反對浪費條例》，是中共整頓糾風的鮮明亮點之一。作為執政黨，中共內部通過的規章制度條例被視為"黨內法"，通過"黨內立法"的形式推動厲行節約、反對浪費，是把為官要清廉明確化、常態化，不只是憑"良心"而行的抽象要求。

2013 年 11 月，黨十八大三中全會的《中共中央關於全面深化改革若干重大問題的決定》提到，要"健全反腐倡廉法規制度體系，完善懲治和預防腐敗、防控廉政風險、防止利益衝突、領導幹部報告個人有關事項、任職回避等方面法律法規，推行新提任領導幹部有關事項公開制度試點"。

2014 年 8 月，中央發文嚴禁黨政機關和國企事業單位領導幹部參加高收費的培訓專案，EMBA、後 EMBA、總裁班等。把這類高收費社會化培訓專案，明確列為"領導幹部一律不得參加"。像這樣的政策只是舉例，是眾多新規定之一，反映反腐不僅僅是單純的"抓腐敗"，是連有可能滋生腐敗的土壤也一起剷除。

中國反腐的決心還見於王岐山於 2012 年 11 月出任中共中央紀律檢查委員會（簡稱"中紀委"）書記。王岐山強調蒼蠅與老虎都打；主持中紀委不到一年，就有九名省部級高官、一名中央委員和兩名中央候補委員因貪腐問題被停職調查。至於地方官員下馬者，以千百計。

而更重要的，是反腐之同時，自 2013 年底開始加大追捕逃至海外的貪官和不法商人。在新的外交形勢、以及善用執法手段下（例如，以"非法入境罪"而不是時間長手續繁複的"貪污罪"來跟外國協商引導問題），至 2014 年中的行動被形容為"國際大追逃"。習近平上任才年半，反貪腐便已取得相當顯著的成績。又以 2014 年 7 月 22 日公安部啟動的"獵狐 2014"專項行動為例，集中開展緝捕在逃境外經濟犯罪嫌疑人，行動會進行至 2014 年底。截至目前，已有 88 名在逃境外經濟犯罪嫌疑人被緝捕回國，超過去年全年抓獲總數的一半，其中 10 年以上犯罪嫌疑人 11 名。這些努力和具體成果，香港傳媒鮮有詳細報導。

中國反貪腐是動真格嗎？

——弄明白起用王岐山反貪腐的意義，就知道是否動真格

當代貪腐手段不少已"現代化"，賄賂並不一定以實物，如珠寶、金錢來進行。於是，由有金融實戰經驗的王岐山出任中紀委書記，主力反貪腐，是反貪"專業化"及"對症下藥"。王岐山曾經查處及清理多宗重大金融違規大案，也善用金融工具處理複雜的企業金融巨債。資金（黑

錢）及股份如何流通轉手，資金運用上的亂象，王岐山都相當熟悉。

　　1998 年，廣東的金融危機告急，時任總理的朱鎔基點將，委任王岐山為廣東省常務副省長，處理蔓延全省的金融亂象。其後，王岐山參與了中國歷史上規模最大的一次債務重組，當時包括廣東國際信託和粵海信託在內的國有投資公司，因無法償還外資銀行百億美元的貸款而深陷困境。這是中國有史以來最糟糕的一個金融殘局。在粵海債務重組案中，王岐山顯示出他的金融功力，借鑒美、韓等國化解金融風險的經驗，以資產管理公司的方法，解決了粵海企業的巨額不良資產。

　　本書第二部分第 8 章有反貪腐的"小方塊"，至本章，反貪腐仍然是重點之一，消極者的解讀，是反映中國的貪腐問題一直存在；積極者的解讀，是中國的反腐是持久戰，不因換屆、人事變動而勢頭有變。

　　讀國際時事及世界史便知道，對發展中國家或新興市場國而言，因國家不再一窮二白、經濟有所發展，貪污成了發展的副產品。主要是行政運作的規則及法律未跟上。不少發展中國家或新興市場國都因貪腐這"樽頸"而令社會及經濟發展陷入低潮。

　　中國是個發展中國家水平的人口大國，貪污賄賂的存在有發展模式上的難以避免。然而，中國的情況令人不悲觀，是各任政府從未停止反貪的力度，防治貪腐的方法及法規還不斷更新完善。中國共產黨的優勢，是國家在"不可能沒有問題的情況下不回避問題"。習近平一屆起用王岐山反貪，便是中國有足夠力度防止貪腐在國家發展過程中繼續惡化的有力的證據。

官民共向"行節約"的大方向學習

官場厲行節約之外，中國民間於 2013 年間有人推出"光盤行動"，呼籲老百姓愛惜食物。光盤，意思是外出吃館子時把所點的菜都吃清；吃不下的，盡量帶走。部分配合節約概念的飯館，也推出"良性市場操作"，做法是將菜餚的份量（"碟頭"）減少，價格稍降。此舉令"光盤"較易進行之餘，也令顧客"少吃多碟"，多嚐幾款菜式，飯館生意額不降反升。

"光盤行動"當前的效果如何並不重要，值得肯定是它被提出來了。中國六十年來的變化翻天覆地；中國老百姓由農業社會、村鎮生活，向現代化社會、現代文明生活標準方向進發，進程中生活範式的建立及改變需時，只要學習及教育的方向正確，已是成功的一半。效果值得期待。

以下是百度對"光盤行動"的簡介：

　　"光盤行動"宣導厲行節約，反對鋪張浪費，帶動大家珍惜糧食、吃光盤子中的食物，得到從中央到民眾的支持，成為 2013 年十大新聞熱詞、網絡熱度詞彙，最知名公益品牌之一。

　　光盤行動由一個熱心公益的人發起，其新浪微博光盤行動官微，於 2013 年 1 月 14 日、騰訊微博光盤行動於 1 月 13 日起開始宣傳，1 月 16 日於北京正式啟動，全國媒體和民眾、餐廳和院校等紛紛回應，全國兩會、國際媒體和聯合國均參與支持。光盤行動的宗旨：餐廳不多點、食堂不多打、廚房不多做。養成生活中珍惜糧食、厲行節約反對浪費的習慣，而不要只是一場行動。不只是在餐廳吃飯打包，而是按需點菜，在食堂按需打飯，在家按需做飯。

　　正在發起的"光盤行動"，試圖提醒與告誡人們：飢餓感距離我們並不遙遠，而即便時至今日，尊重糧食仍是需要被奉行的古老美德之一。"

　　（簡介來源：http://baike.baidu.com/view/10006805.htm）

7. 完善政府預算管理及收支規範、透明化

　　讓政府預算管理及收支規範化、透明化，是中國政府民主開放進一步落實的表現。民主不只一款，也不是行"一人一票選總統"的地方才享受到民主的益處。民主是雙面刃，對中國而言，於廿一世紀西方民主及自由主義漸現弊端的今天，如何管理地大

人多、南北東西條件不同的中國大陸，中國堅持按國情走自己的路。如何體現政治上的民主參與，中國也有符合本國國情的做法。政府預算、地方財政逐步開放資訊，受人民監督，是中國式民主、體制改革的一大步。

國務院總理李克強於 2014 年 9 月 2 日主持召開國務院常務會議（以下簡稱"會議"），研究完善預算管理，促進財政收支規範透明的相關意見。

"會議"指出，預算是公共財政的基石。改革完善預算管理，建立與實現現代化相適應的現代財政制度，是財稅體制改革的重頭戲，也是政府自我革新的重要舉措。財政改革要按照黨的十八屆三中全會部署，根據全國人大常委會已審議通過的預算法修正案，圍繞推進政府職能轉變、使財政收入規範有據、支出公開透明等方向進行，目的是提高財政資金使用效率，促進社會公平。"會議"還提出三個"強化"，一是強化預算約束，政府收支必須全部納入預算管理，不能搞"賬外賬"；二是強化預算公開，除涉密資訊外，中央和地方所有使用財政資金的部門均應公開本部門預算，尤其是所有財政資金安排的"三公"經費（指公款出國費、車輛購置及運行費、公務接待費三項）都要公開；三是強化國庫資金管理，堵塞公共資金的"跑冒滴漏"。

總而言之，新一輪的財政改革，是中國體制改革、第五個現代化的內容之一，是新一屆政府長期努力的方向，不是短期措施。

第三部分

政治制度與行政機構

　　本書第二部分已稍為勾勒中國政治制度的基本要項，本部分則會比較詳細地交代各重要機關、政府組織架構的具體內容。

　　要略為弄明白中國的政治制度如何運作，需要對以下幾個重要機關有基本認識，它們分別是：全國人民代表大會、國務院、中國共產黨的黨組織、中國軍方、政協等。

中國政府機構簡圖

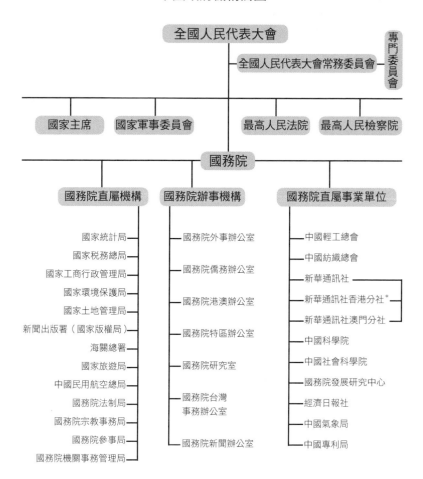

* 2000 年 1 月，經國務院第二十四次常務會議決定，將中央人民政府授權的工作機構新華通訊社香港分社、新華通訊社澳門分社，分別更名為中央人民政府駐香港特別行政區聯絡辦公室、中央人民政府駐澳門特別行政區聯絡辦公室。職責分別是：

　　一、聯繫外交部駐港、澳特派員公署、以及中國人民解放軍駐港、澳部隊。

　　二、聯繫並協助內地有關部門管理在港、澳的中資機構。

　　三、促進港、澳與內地之間的經濟、教育、科學、文化、體育等領域的交流與合作。

四、處理有關涉台事務。

五、承辦中央人民政府交辦的其他事項。

新華社還宣佈，原新華通訊社香港、澳門分社內的"新聞業務"，將由新華通訊社提請香港、澳門特別行政區政府註冊的新華通訊社香港、澳門特別行政區分社承擔。

小提示

資料宜慎選慎讀

為寫好這個章節，筆者參考了多本大型專論，當中借用得最多的，是浦興祖的《中華人民共和國政治制度》（上海人民出版社，2005 年 2 月出版，同年 12 月 2 次印刷）。本書內關於政治制度的規章條文、職務範圍等基本資料，大多以該書 2005 年 2 次印刷的最新版為準。至於香港坊間流通的中國政治制度淺釋小書，部分被我發現內容未必準確，也就不在此引介了。

可以舉一例來說明。坊間有一淺介中國政權結構的小書稱，中國行的是"雙元首制"（人大委員長加國家主席），並據此認為國家主席一位置應以"虛位元首"的方式存在，不要多做事，反而應該讓人大委員長做"實質元首"、多做事才對。類似的建言或批評是否合理，建基於中國是否真有"雙元首制"這套規則，前提搞錯了，評論也不會準確。

而事實上中國確是行"雙元首制"嗎？以至其中一個

（國家主席）應該是"虛位"？讓我們看一看實況。中國過去50多年的政治發展並不平順，中間經歷幾次大變，其中一次是"文革"。"文革"期間"誰是國家最高領導人"確曾出現混亂，國家主席之職雖未廢除，卻實質上被架空了，形同虛設。"文革"期間出任國家主席的是劉少奇，不但被架空，於1967年甚至被軟禁。該書以此為例，說明主席一位其實沒有多大作用，虛位化更好。我認為類似的論述有欠準確，關鍵是它以劉少奇為例來引申論說。而在"文革"特定的歷史時空下，"國家主席沒有實權"是"異變"狀態，不是制度原設計、原目的之"常態"演繹，根本不足以代表國家主席本身的實況，當然更不可以借此作為評點21世紀中國政治制度的標準。

總括而言，中國官方一直沒有標舉過"雙元首制"的說法。在浦興祖書內，談到國家元首一章，只清楚指出國家主席是國家元首，沒有其他職位與國家主席平列平排。本書以浦興祖一書為準。而選用參考書之重要，於此可見。

1. 人民代表大會制度

　　此節旨在介紹現時全國人民代表大會、全國人民代表大會常務委員會，以至地方各級人民代表大會的運作情況。然而，本書不會簡列上述組織的規章制度、會期、成員資格等就算數，因為深知資料的平面羅列不一定可以說明問題，必須同時搞清楚“它們因何是這樣的設計”？“背後基於甚麼原則、理念”？資料才具備實質意義。因此，本節會先交代“人民代表大會”這種制度的精神及原意，看一看它與各國的民主政治制度相較下有何分別，之後才交代具體設定。

1. 人民代表大會制度及其精神──中國政治制度最根本的結構

　　政治制度學者浦興祖在《中華人民共和國政治制度》內條理清晰地從世界歷史及本國歷史兩方面論述人民代表大會制度的內容及意義，茲摘引如下。

　　於世界層面而言，作者對總體圖像有如下描述：

　　　　16、17 世紀，歐洲掀起資產階級革命的浪潮。資產階級國家的政體形式基本上採用民主共和制，也有少數國家由於各自歷史傳統的約束，實行妥協式的立憲君主制。立憲君主制政體按君主權力受限制的程度又分為議會制的立憲君主制與二元制的立憲君主制。前者的權力中心是議會，君主權力名義上極大，實際上已受到很大程度的限制。如英國和二次大戰後的日本,其君主(女王、天皇)被稱為"虛君"。此類議會制的立憲君主制與民主共和制在實際上已無大區別。二元制的立憲君主制,議會對君主的權力也有一定程度的限制,但君主仍有相當的實權,是真正的權力中心,如尼泊爾、約旦等國。民主共和制政體表示公民是直接行使國家權力抑或通過其代表行使國家權力,可分為直接民主共和制與間接(代議)民主共和制兩種。當今世界上存在的民主共和制政體一般都是代議民主制,即間接民主制。由全體公民直接行使國家權力的直接民主制,只適用於版圖極小、人口極少的國家。在現代國家中,直接民主制不多見,只偶存於臨時性、特殊性的"全民公決"等形式之中。[1]

中華民國,乃至 1949 年後的中華人民共和國,行的基本上都是"民主共和制",兩者的分別在於中華民國行的是"資產階級民主共和制",而 1949 年後的中國行的是"無產階級專政的民主共和制"。

"無產階級"散落於不同地方、來自不同領域,如何行使權力來"專政"呢?有方法的。其一,是"通過自己的先鋒隊中國共產黨來實現"[2],因而中國行民主共和之同時,由中國共產黨領導。

其二,由選舉組成的"全國人民代表大會"來落實參與。

---

[1] 浦興祖:《中華人民共和國政治制度》,上海人民出版社,2005 年 12 月 2 次印刷,頁 38 ～ 39。
[2] 同上,頁 43。

　　以上是人大代表、黨、國家的關係從理論層面的解釋和定義。此認知非常重要，沒有這個基本認知，難以中肯地評論當代中國政治上的各式課題。

運作概念圖示

中華人民共和國

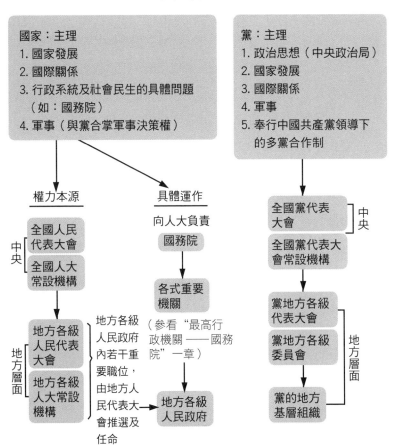

小提示

在進入下文前先來一次小總結

從政治思想及國家發展、國際關係的總體方向而言，黨的思想方針領導國家。

而落實到具體操作、狹義的政治制度層面而言，黨與國家是兩套運作系統。

黨的方面：黨有黨的代表大會，即中國共產黨全國代表大會；也有黨代表大會的常設機構，即黨代表大會常務委員會；也有黨地方層面的黨代表大會制度。

國家方面：國家的人民權力透過最高權力機構全國人民代表大會來行使。全國人民代表大會有常務委員會（全國人大的常設機構），於地方各級也有不同層次的人大代表制度。至於整個中央人民政府的運作，由國家的最高行政機關國務院主持。各種與國計民生相關的機制，如司法制度、立法制度、執法制度的最高單位，都向全國人民代表大會負責。

黨的成員固然由無產階級和工人階級組成，但國家本身不會、也不可能只有這兩種人，於是體現"人民民主專政"的人民代表大會內的"人民代表"，成員內容必然比黨的成員內容更廣泛。人民代表大會制度下之"人民"，其內涵包括：工人階級、農民階級、城市小資產階級，以及民族資產階級（即企業家及營商者）。

而黨的層面也非一成不變。經過 20 多年的經濟改革，社會的客觀情況已大變，體制上必須改革配合，經濟發展才有望繼續。於是最新發展是，繼 1999 年中國修改《憲法》以保護私營企業、私有財產後，2002 年召開的中國共產黨十六次全國代表大會，更允許認同中國共產黨領導地位的資本家入黨。

浦興祖在《中華人民共和國政治制度》對當代中國的人民代表大會制度有更深入的說明。他認為，中國行的是"新式"的民主共和制，既不同於中華民國的一套，一開始也沒有照搬蘇聯（列寧）的模式。

……當然，蘇維埃制也是列寧在發展馬克思主義思想的基礎上將之付諸實踐的成果。……列寧關於新型人民國家代表機關的設想主要是對巴黎公社原則的強化：保證普遍、平等、直接、無記名投票；代表機關應當掌握全部的權力，即集立法與行政權於一身；代表機關的代表必須接受人民的監督和人民的隨時撤換等。這是一種理想的民主制度。

……蘇維埃制將"人民"的範圍嚴格界定為工農兵，而在中國的新生政權中"人民"的內涵發生了變化，這是由蘇維埃制走向人民代表大會制的非常關鍵的一步。毛澤東在《論聯合政府》（按：為 1945 年中國共產黨第七次代表大會上發言）中總結："中國現階段的歷史將形成中國現階段的制度，在一個長時期中，將產生一個對於我們是

完全必要和完全合理同時又區別於俄國制度的特殊形態，
即幾個民主階級聯盟的新民主主義的國家形態和政治形
態。” 在這一表述裏，突出地表達了中國共產黨人的獨創
精神和鮮明的中國特色。……其中，“人民”已不再限於
工農兵，而根據中國的特有國情，被擴展了。①

以下一段更值得注意：

　　1949 年 9 月，召開了中國人民政治協商會議第一屆
全體會議，宣告中華人民共和國的誕生。中國人民政治協
商會議代行全國人民代表大會的職權。會議制定的《共同
綱領》確定中華人民共和國的國體是人民民主專政，政體
為人民代表大會制。會議產生的中央人民政府委員會中非
中共人士佔一半強，反映了新中國政權中人民民主專政與
人民代表大會制度之“人民”，其內涵的廣泛性：工人階
級、農民階級、城市小資產階級與民族資產階級。②

2. 全國人民代表大會的具體組成內容

　　“中華人民共和國全國人民代表大會” 一般簡稱為 “全國
人大”，是國家最高權力機關。全國人大之組成，中國《憲法》
內有明文規定。

---

① 浦興祖：《中華人民共和國政治制度》，上海人民出版社，2005 年 12 月 2 次印刷，
　　頁 42。
② 同上。

全國人大 5 年一任，一任為一屆，由省、自治區、直轄市、特別行政區和軍隊選出的代表組成。各少數民族都有適當的名額任代表。

全國人民代表大會主要行使下列職權：

1. 修改憲法。

2. 監督憲法的實施。

3. 制定和修改刑事、民事、國家機構的和其他的基本法律。選舉最高人民法院院長，及選舉最高人民檢察院檢察長。

4. 選舉中華人民共和國主席、副主席。

5. 根據國家主席的提名，決定國務院總理的人選；再根據國務院總理的提名，決定國務院副總理、國務委員、各部部長、各委員會主任、審計長的人選。並有權罷免上述人員的職務。

6. 選舉中央軍事委員會主席；根據中央軍事委員會主席的提名，決定中央軍事委員會其他組成人員的人選。

7. 審查和批准國民經濟和社會發展計劃，並聽取計劃執行情況的報告。

8. 審查和批准國家的預算和聽取預算執行情況的報告。

9. 改變或撤銷全國人民代表大會常務委員會不適當的決定。

10. 批准省、自治區和直轄市的建置。

11. 決定特別行政區的設立及其制度。

全國人民代表大會是一院制的結構，由全體會議統一行使國家的最高權力。會議分例會和臨時會議兩種形式。例會每年召開一次（同時召開的，有由中國共產黨主持的政協會議，兩會同時進行，即一般簡稱的"兩會"），臨時會議在全國人大常委會認為必要時，或者有 1/5 以上的全國人大代表提議時，即可召開。

　　而人大代表的數目，由 1983 年第六屆開始，至 2003 年第十屆為止，均維持在 2,900 多人之內。至 2013 年第十二屆，總數仍不超過 3,000 人。

　　全國人民代表大會閉會期間，由全國人民代表大會常務委員會執行一切職務。

3. 全國人民代表大會常務委員會

　　全國人民代表大會的常設機關即全國人民代表大會常務委員會，簡稱"全國人大常委會"，是全國人大的常設機關，在全國人大閉會期間行使最高國家權力機關的基本職權。

　　全國人大常委會從屬於全國人大，它的地位表現在兩方面，其一，在每次全國人大開會時向大會報告工作；其二，在全國人大閉會期間，其他國家機關如國務院、最高人民法院、最高人民檢察院等機構，向全國人大常委會負責並報告工作，全國人大常委會有權監督它們的工作情況。

　　全國人大常委會的組成人員包括：委員長 1 人，副委員長若干人，秘書長 1 人，委員若干人。以最新近的 2013 年第十二屆全國人大常務委員會為例（5 年為一屆），副委員長 13 人，委員161 人。自 70 年代以來，人員數目大致沒有太大變化。

4. 各級人民代表大會

　　於結構而言，人民代表大會機制分為上述權力最高層次的

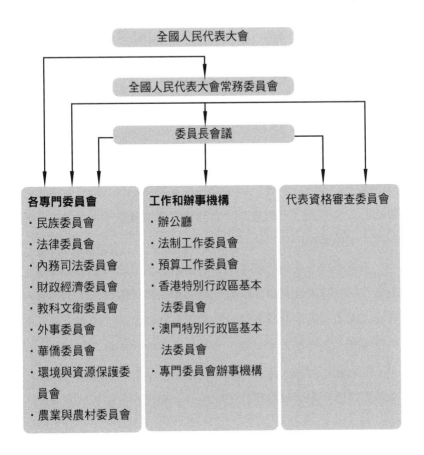

"全國人民代表大會"和屬於地方各層的"地方各級人民代表大會"。地方人大代表大會，是地方各級國家權力機關之所在。

中國地方政權分4級，分別是省級（省、自治區、直轄市）、地市級（自治州、設區的市）、縣級（縣、自治縣或自治旗、不設區的市、市轄區）、鄉級（鄉、民族鄉、鎮）；4級地方都設立人民代表大會，分別是省級人民代表大會、地市級人民代表大會、縣級人民代表大會和鄉級人民代表大會。全國人民代表大會和地方各級人民代表大會一樣，都是每屆任期 5 年。

縣級以上的地方各級人大與全國人大一樣，於全體會議內遵循民主集中制的原則，實行聯合議事，通過會議形式集體行使職權。

而縣級以上地方各級人大均設立常務委員會，鄉級則不設。地方各級的人大常委會一如全國人大常委會，於人民代表大會休會期間負責行使人大的權力，它們既是權力機關，也是負責具體執行的工作機關。

至於不設常委會的鄉級人大，是中國基層的國家權力機關，也是人民代表大會制度的基礎，是鄉鎮人民行使民主權利的基本形式。鄉鎮人大沒有常委會，轉而設有鄉鎮政府，是鄉級人大的執行機關，向鄉鎮人大負責，受其監督。由於鄉鎮人口一般比較少，因而鄉鎮的人大代表由選民直接選舉產生。中國近年在最基層的直接選舉制發展得很有成績，每次鄉級人大選舉的氣氛都非常熱烈。

鄉級人大只設主席，按需要可增設副主席，從代表中互選產生。

至於上述各級之間的關係如下：省級與地市級人大由下一級人大選舉產生的代表組成；而縣鄉級人大代表由選民直接選舉產生的代表組成。

5. 2014 年人民代表大會成立 60 週年

人民代表大會制度，是中國式的民主制度，其運作上文已詳述。這種按地方行政管治區域（鄉、縣、市、省）劃分的層遞式人民代表參與模式，就是中國式的民主參與。而全國人民代表大會，是人民代表大會制度的頂層、中央政府的權力來源。這個制度至 2014 年，已成立了 60 週年。

2014 年 9 月，人民大會堂舉行全國人民代表大會成立 60 週年慶祝大會。會上國家主席習近平發表講話，重申全國人民代表大會的重要性，認為人民代表大會制度是符合中國國情、按中國歷史發展摸索出來的民主制度，也是"人類政治制度史上的偉大創造"。

肯定人民代表大會機制及全國人民代表大會，不等於故步自封，這機制在運作過程中不斷完善、不斷被提出新要求。習近平一任強調依法治國，在全面落實依法治國的基本方略下，人大也被要求堅持及保證各級人大代表及其常委會依法行使職權，並在嚴格執法、公正司法、全民守法的進程下，嚴禁侵犯群眾合法權益。

反腐是習近平上台後最雷厲風行的政策之一；落實於人大機制，是加強和改進監督工作，拓寬人民監督權力的渠道，抓緊形成不想腐、不能腐、不敢腐的有效機制，讓權力在陽光下運行。

"接地氣"是習近平一任的新作風，人大在這大趨勢下也要求加強人大代表和人民群眾的聯繫，努力使每一項立法都符合憲法精神，並反映人民意願、得到人民擁護。

小提示

人民代表大會有多重要？對中國政治體制的意義何在？

讀習近平 2014 年 9 月 5 日在全國人民代表大會成立 60 週年慶祝大會上的發言，便會對全國人民代表大會的意義有更深入的體悟。全文八千多字，以下是約一千字的重點摘錄。

60 年前，我們人民共和國的締造者們，同經過普選產生的 1,200 多名全國人大代表一道，召開了第一屆全國人民代表大會第一次會議，通過了《中華人民共和國憲法》，從此建立起中華人民共和國的根本政治制度 —— 人民代表大會制度。中國這樣一個有 5,000 多年文明史、幾億人口的國家建立起人民當家作主的新型政治制度，在中國政治發展史乃至世界政治發展史上都是具有劃時代意義的。……

在新的奮鬥征程上，必須充分發揮人民代表大會制度的根本政治制度作用，繼續通過人民代表大會制度牢牢把國家和民族前途命運掌握在人民手中。這是時代賦予我們的光榮任務。……

在中國，發展社會主義民主政治，保證人民當家作主，保證國家政治生活既充滿活力又安定有序，關鍵是要堅持黨的領導、人民當家作主、依法治國有機統一。……

　　設計和發展國家政治制度，必須注重歷史和現實、理論和實踐、形式和內容有機統一。要堅持從國情出發、從實際出發，既要把握長期形成的歷史傳承，又要把握走過的發展道路、積累的政治經驗、形成的政治原則，還要把握現實要求、着眼解決現實問題，不能割斷歷史，……

　　"橘生淮南則為橘，生於淮北則為枳"。我們需要借鑒國外政治文明有益成果，但絕不能放棄中國政治制度的根本。中國有 960 多萬平方公里土地、56 個民族，我們能照誰的模式辦？誰又能指手畫腳告訴我們該怎麼辦？對豐富多彩的世界，我們應該秉持相容並蓄的態度，虛心學習他人的好東西，在獨立自主的立場上把他人的好東西加以消化吸收，化成我們自己的好東西，但決不能囫圇吞棗、決不能邯鄲學步。照抄照搬他國的政治制度行不通，會水土不服，會畫虎不成反類犬，甚至會把國家前途命運葬送掉。只有扎根本國土壤、汲取充沛養分的制度，才最可靠、也最管用。

　　……

　　發展社會主義民主政治，關鍵是要增加和擴大我們的優勢和特點，而不是要削弱和縮小我們的優勢和特點。我們要堅持發揮黨總攬全域、協調各方的領導核心作用，提高黨科學執政、民主執政、依法執政水準，保證黨領導人民有效治理國家，切實防止出現群

> 龍無首、一盤散沙的現象。我們要堅持國家一切權力
> 屬於人民，既保證人民依法實行民主選舉，也保證人
> 民依法實行民主決策、民主管理、民主監督，切實防
> 止出現選舉時漫天許諾、選舉後無人過問的現象。我
> 們要堅持和完善中國共產黨領導的多黨合作和政治協
> 商制度，加強社會各種力量的合作協調，切實防止出
> 現黨爭紛沓、相互傾軋的現象。……我們要堅持和完
> 善民主集中制的制度和原則，促使各類國家機關提高
> 能力和效率、增進協調和配合，形成治國理政的強大
> 合力，切實防止出現相互掣肘、內耗嚴重的現象。

　　由習近平慶祝全國人民代表大會成立 60 週年的講話反映，中國按自己的國情與"水土"建立行之有效的民主機制；與此同時，又不斷自我完善、精益求精。按中國領導層的理解，尤其是金融海嘯前後西方資本主義民主社會出現的弊端，一再驗證一人一票不是人民參與政事的唯一、及最理想的機制。燒錢式的民主選舉制度，選民也只在投票前才被重視；相比之下，中國式的人民代表大會制度，既堅持中國共產黨領導，也着重全民在不同層次、不同職份內的直接參與。這樣的民主政治，既保證黨領導人民有效治理國家，防止群龍無首，一盤散沙，議而不決；也堅持國家一切權力屬於人民，透過人民代表大會制度保證人民依法實行民主選舉，也保證人民依法實行民主決策、民主管理和民主監督。

　　踏入廿一世紀的中國政府、中國共產黨，在"發展是硬道

理”，“實踐驗證真理”的前提下，已一步一腳印地逐步建立執政自信，更堅定地走具中國特色的社會主義道路。中國最新領導人也多次以不同方式明確表達對“民主”的看法。得民心所向，就是民主。民主不只西方一種定義，也不能跳開各國的國情而有“普世”模式。民主是“用來解決問題”的，旨在令施政切合人民需要，解決國家及人民的具體生存問題。而一層層的人民代表大會制度，以及其頂層的全國人民代表大會，正是具中國特色民主政治體制的柱樑。另一柱樑是中國人民政治協商會議（簡稱政協會議），於書末細論。

中國、美國、歐盟的人口

上述的層級結構可能會把你搞得暈頭轉向了。

就考一考你的耐力及耐性。

如想進一步瞭解人民代表大會結構、運作、及組成的規章條文者，可自行上網或到圖書館查找進一步的資料，材料多的是，關鍵是你肯不肯耐心細讀，並搞明白自己的疑難。

此書旨在勾勒基本的框架，讓你有一幅整體圖像。此外，尚有一小小心願，希望你學習在尊重、善用基本材料的基礎上去思考問題。近年教育當局大力提倡“多角度思考"，要知道思考的"多角度"，必然來自充足的閱讀量。輕省的浮想聯翩，思緒看似活潑，卻頂多是學習的前奏，之後必須回歸老老實實的資料閱讀。

要思考及評價人民代表大會的運作有多成功或多失敗，除了集中閱讀有關人大的基本材料，還可注意一些輔助思考的"非主線"材料 —— 舉例說，找一找中國的人口數目，也查一查美國及歐盟的人口。

人口的多寡，絕對影響整體運作。情況一如可以管理一家小公司的人材，不一定可以管好一家巨型企業。當中固然有一些技巧是相通的，但"小"與"大"之間肯定存在不一樣的挑戰及難度。

中、美、歐盟的人口此處不擬提供答案，因為上網一查便知道。就此順帶一提，於網絡暢通的新世代，只要你懂得選擇（這能力太重要了），一些基本材料今時今日已唾手可得；關鍵是，你知道要"用得上它們嗎？"、你知道"它們可以幫助你深化思考嗎？"沒有"運用它們"這個意識，資料再易找、再唾手可得，也不一定"歸你所有"，及不一定內化為屬於你的知識、智慧。

2. 國家元首制度

國家主席是中國國家機構一個重要的組成部分。國家主席的地位高於國務院總理，兩者不是並列；國務院與中央軍委會才是同級關係。國家主席在整體的政治架構內起統攬作用。建國後中國的國家元首經歷了幾個階段。

1. 第一屆全國人民代表大會召開（1954 年）之前

此時主理國事的是"中央人民政府委員會"，以整個中央人民政府委員會行使國家元首的職權，也就是說，中央人民政府委員會集體行使元首的職務，是建國初期的"集體元首"。當年的中央人民政府主席由毛澤東當選。

2. 1954 年至"文革"末年（1975 年）

1954 年全國人民代表大會成功召開，並於會上通過第一部憲法。憲法規定，在全國人大之下不設"中央人民政府委員會"，即有了全國人大之後，"中央人民政府委員會"此過渡性的機制已完成歷史任務，改而設立全國人大常委會和中華人民共和國主席。設主席的建議當時由毛澤東提出，目的是作為國務院與全國人大常委會的中間人，緩衝可能發生的衝突。國家主席既不作為最高國家權力機關（全國人大）的組成人員，也不是最高國家行政機關（國務院）的組成人員，是一個相對獨立的國家機制。對外負責接見外賓，對內負責公佈由全國人大通過的一些重

大決定。按 1954 年的憲法規定，國家主席根據全國人大和全國
人大常委會的決定，行使各項元首權。同年選出毛澤東任國家主
席，朱德為副主席。

歷屆國家主席及其任期		
1	毛澤東	1954 年 10 月～1959 年 4 月
2	劉少奇	1959 年 4 月～1968 年 10 月
3	李先念	1983 年 6 月～1988 年 4 月
4	楊尚昆	1988 年 4 月～1993 年 3 月
5	江澤民	1993 年 3 月～2003 年 3 月
6	胡錦濤	2003 年 3 月～2013 年 3 月
7	習近平	2013 年 3 月～

　　"文革"期間國家主席職位及權力尚在，只是沒有按憲法規
定來運作而已。

3. "文革"末年、1975 年以後——曾一度取消國家主席此職位

　　1975 年 1 月，於"文革"中召開的第四屆全國人民代表大
會第一次會議，按毛澤東的意思修改、並通過新的憲法規定，正
式取消了國家主席職位的設置。

4. 1978 年的修復不包括恢復國家主席一職

　　1978 年 3 月，第五屆全國人民代表大會第一次會議雖然修
復了部分於"文革"期間被修改的憲法內容，卻仍未恢復國家主
席的職位。

5. 1982 年後

1982 年 12 月所通過的最新憲法沿用至今，當中包括恢復國家主席的職位。

6. 中國領導人是怎樣煉成的

2013 年 10 月中，一個名為《領導人是怎樣煉成的》[※] 5 分鐘動畫視頻在中國網絡上熱傳。熱傳的程度是三天內，已被點擊收看 100 多萬次，連美國《時代》週刊和《紐約時報》也發文評論。

這個 5 分鐘動漫視頻有中英文版本，視頻製作者署名“復興路上工作室”。“復興路上工作室”的具體資訊未被披露，有人猜測製作有官方參與，或得官方默許。工作室隨後又推出短片《中國共產黨與你一起在路上》（非動漫）。

回頭說《領導人是怎樣煉成的》，動漫內的主角是中國國家主席習近平和其他六位政治局常委。動漫中的所有人物，都貼上真人照片，是中國國家級領導層首次以這種方式亮相。

動漫談到如何在中國成為國家主席時，一個歡快的聲音解說道，首先要從 700 多萬幹部中脫穎而出。而成為正部級幹部的機會率，只有十三萬分之一；平均所需時間至少要 23 年。動漫旁白還說，一個領導世界第二大經濟體的人，顯然是一個非常特別

[※] https://www.youtube.com/watch?v=c2K3g3K46RA　中文版
https://www.youtube.com/watch?v=eGX2kMUWvIo　中文版

http://www.guancha.cn/video/2013_10_29_181828.shtml　英文版
https://www.youtube.com/watch?v=6BosGD5Bk98　英文版

的人。成為這樣的人,視頻說需要"中國功夫式的長期鍛煉"。

視頻結尾,回應了那些認為中國政治體制需要民主化的批評。旁白說:"條條大路通總統,各國各有奇妙招。全民總動員,一戰定乾坤的票決也好,'中國功夫'式的長期鍛煉,選賢任能也好,只要民眾滿意,國家發展,社會進步,這條路就算走對了。"

3. 最高行政機關 —— 國務院

國務院是中國政府行政上的核心組織，是國家最高行政機關，管理國家機器的具體操作，如負責國家於經濟、民生方面的整體決策及運作。於憲法制訂及第一屆全國人大未成立之前（1954年前），現時國務院的工作由"中央人民政府"之下的"政務院"負責。

現行"憲法"第三章"國家機構"第三節"國務院"對國務院的法定地位、職能及主要領導班子的產生方式有詳細列明。以下是要點簡述。

1. 國務院實行總理負責制。

2. 國務院包括如下人員：總理、副總理、國務委員、各部部長、審計長、秘書長等。

3. 國務院對全國人大負責並報告工作。在全國人大閉會期間，對全國人大常委會負責並報告工作。

國務院歷任總理	任期
周恩來	1949 年 10 月～1954 年 9 月，政務院總理 1954 年 9 月～1959 年 4 月 1959 年 4 月～1965 年 1 月 1965 年 1 月～1976 年 1 月病逝
華國鋒	1976 年 1 月～1976 年 4 月，代總理 1976 年 4 月～1980 年 9 月
趙紫陽	1980 年 9 月～1983 年 7 月 1983 年 7 月 11 日～1987 年 11 月
李鵬	1987 年 11 月～1988 年 4 月，代總理 1988 年 4 月～1998 年 3 月
朱鎔基	1998 年 3 月～2003 年 3 月
溫家寶	2003 年 3 月～2013 年 3 月
李克強	2013 年 3 月～

國務院結構簡圖

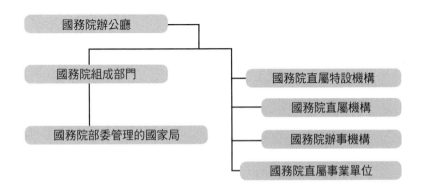

停一停，想一想

還閱讀以細節

　　國務院是一個相當重要的國家機關，管的是具體的國家運作。運作一個 13 億人口的國家有多複雜呢？對一般人來說不容易想像，尤其是處於反智十多年的此時此地，一般常識（common sense）正大量流失。因此，下文將左頁簡圖的機關名稱表列，希望用機關名稱製造質感，讓你對整個國家有更細緻的瞭解。起碼感受一下原來實際運作起來是怎麼一回事。

國務院各級機構

國務院組成部門 25 個

1. 外交部
2. 國家發展和改革委員會
3. 科學技術部
4. 國家民族事務委員會
5. 國家安全部
6. 民政部
7. 財政部
8. 國土資源部
9. 住房和城鄉建設部
10. 水利部
11. 商務部
12. 國家衛生和計劃生育委員會
13. 審計署
14. 國防部
15. 教育部
16. 工業和資訊化部
17. 公安部
18. 監察部
19. 司法部
20. 人力資源和社會保障部
21. 環境保護部
22. 交通運輸部
23. 農業部
24. 文化部
25. 中國人民銀行

（監察部與中共中央紀律監察委員會機關合署辦公，機構列入國務院序列，編制列入中共中央直屬機構。教育部對外保留國家語言文字工作委員會牌子。

工業和資訊化部對外保留國家航天局、國家原子能機構牌子。環境保護部對外保留國家核安全局牌子。）

國務院部委管理的國家局 16 個

1. 國家信訪局
2. 國家能源局
3. 國家煙草專賣局
4. 國家公務員局
5. 國家測繪地理資訊局
6. 中國民用航空局
7. 國家文物局
8. 國家外匯管理局
9. 國家糧食局
10. 國家國防科技工業局
11. 國家外國專家局
12. 國家海洋局
13. 國家鐵路局
14. 國家郵政局
15. 國家中醫藥管理局
16. 國家煤礦安全監察局

（國家檔案局與中央檔案館、國家保密局與中央保密委員會辦公室、國家密碼管理局與中央密碼工作領導小組辦公室，一個機構兩塊牌子，列入中共中央直屬機關的下屬機構序列。）

國務院直屬特設機構 1 個

國有資產監督管理委員會

國務院直屬機構 15 個

1. 海關總署
2. 國家工商行政管理總局
3. 國家新聞出版廣電總局
4. 國家安全生產監督管理總局
5. 國家統計局
6. 國家智慧財產權局

7. 國家宗教事務局
8. 國家機關事務管理局
9. 國家稅務總局
10. 國家品質監督檢驗檢疫總局
11. 國家體育總局
12. 國家食品藥品監督管理總局
13. 國家林業局
14. 國家旅遊局
15. 國務院參事室
（國家預防腐敗局列入國務院直屬機構序列，在監察部加掛牌子。國家新聞出版廣電總局加掛國家版權局牌子。）

國務院辦事機構 4 個

1. 國務院僑務辦公室
2. 國務院法制辦公室
3. 國務院港澳事務辦公室
4. 國務院研究室

（國務院台灣事務辦公室與中共中央台灣工作辦公室、國務院新聞辦公室與中共中央對外宣傳辦公室、國務院防範和處理邪教問題辦公室與中央防範和處理邪教問題領導小組辦公室，一個機構兩塊牌子，列入中共中央直屬機構序列。）

國務院直屬事業單位 13 個

1. 新華通訊社
2. 中國科學院
3. 中國社會科學院
4. 國務院發展研究中心
5. 中國地震局
6. 中國氣象局
7. 中國銀行業監督管理委員會
8. 中國證券監督管理委員會

9. 中國保險監督管理委員會
10. 全國社會保障基金理事會
11. 國家自然科學基金委員會
12. 中國工程院
13. 國家行政學院

註：以上資料來自中國政府網"國務院"選項：
http://www.gov.cn/guowuyuan/gwy_zzjg.htm

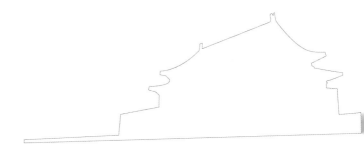

4. 地方各級人民政府

1. 總體情況

按道理，"地方各級人民政府"是不應該排得這麼前的，把它放在"國務院"之後來介紹，是因為當我搞清楚全國人民代表大會、地方各級人民代表大會，以至中國共產黨全國代表大會、地方各級的黨代表大會等機制之後，腦海中即時湧現一個問題——他們管"執行"嗎？

答案是：不管。

省、地市、縣、鄉各級有他們的"地方各級人民政府"，是國家按照行政區域設立的"地方各級""國家行政機關"，它們才是一地的"執行機關"，是一地的"人民政府"、具體的地方工作單位。

也就是說，國家存在"人民代表"及"黨代表"兩個系統，可是他們管的不是人民具體生活上的個別"小"問題，他們管抽象、影響更大的政策設計，也監督各式"管人民生活"的機關是否稱職。此外，某省市的人大與該省市的人民政府的關係，是人民政府內的最高領導由該省市的人大提名及選舉。

總括而言，管執行的行政機關層次結構如下：國家的行政、執行機關，最高一級是"國務院"；至於地方各級的行政、執行機關，是"地方各級人民政府"。

讓我們定時做總結

以香港為例，我們有"特別行政區政府"，由它來管具體運作。

而香港存在"特別行政區政府"之同時，也有"港區人大代表"。港區人大代表可以用個人身份加入政府部門工作，也可以參選立法會，也可以組黨，可是"港區人大"本身不會必然是香港政府內的一員"公務員"，彼此屬於不同系統。

總體而言，要瞭解中國的政治制度一點也不難，難在它不是殖民地教育下我們比較熟悉的西方現行模式，於是在認知上要用另一種全新的概念來解讀。只要不用西方的一套來硬套中國現行的一套，你會很快、很容易便掌握情況。

茲將重點再點列如下。讓我們定時做總結，你會明白得更多：

1. 中華人民共和國行"人民民主專政"的民主共和模式。

2. 落實此理念的機制是"人民代表大會制度"，主要機關都向它負責及按年匯報，有重要立法，要由全國人民代表大會通過才可生效。

3. 政黨政治方面，中國行的是"一黨領導的多黨合作制"，中國共產黨在全國地方各級有黨組織。

4. 上述第 2 及第 3 點是中國政府的權力來源，而具體執行的、各地方瑣碎但重要實在的具體事項，尤其是日常的民生問題及社會運作，由"行政單位"，即各級"人民政府"負責執行。行政單位最高的一級是國務院；之後是各級的省、市、縣、鄉的人民政府。

有了上述概念，你已基本掌握中國政治制度的總結構圖。

2. 具體情況

中國各級地方政府按行政區域而設立，以下是中國行政區域的劃分情況：

一般而言，在省、直轄市、縣、市、市轄區、鄉、民族鄉、鎮行政區域內，會設立地方各級人民代表大會、政府、法院和檢察院。

A. 以省為例的解說 —— 省、縣、鄉政府的情況

它們的結構及職務內容大致相同，分別在於因層級不同，重要性和人口數目也不同，因而政府的規模有異。以下以省為例，看看政府的結構為何。

省人民政府的組成，於不同階段有不同情況。現行的一套以 1982 年《憲法》和《地方各級人民代表大會和地方各級人民政府組織法》（簡稱《地方組織法》）為據。

中華人民共和國地方行政層級示意圖

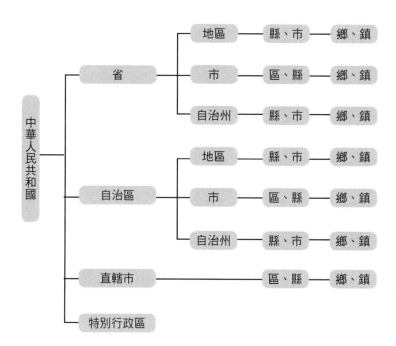

省人民政府由省長、副省長、秘書長和各職能部門首長組成。省長、副省長由省人民代表大會選舉產生，候選人由省人民代表大會主席團或代表聯合提名，現時一般都由差額（不是等額）選舉產生。

省人民政府的職權大體上可以歸納為五個方面，分別是執行權、制令權、管理權、保護權、監督權。

B. 市 —— 直轄市、地級市、縣級市

於地方政府結構上的所謂"市"，即城市，特徵是存在密集的經濟活動、科學及文化交流，以及人口集中。由於城市的特殊

性，城市政府作為國家設置在城市的地方政府，可以擁有一般地方政府所沒有的設計特點。

1986 年 4 月 19 日，為了適應社會經濟改革與發展需要，國務院新頒發《國務院批轉民政部關於調整設市標準和市領導縣條件報告的通知》，對各級地方設市的標準提出最新規定。

根據新的設定，中國以 2013 年底計算，共有直轄市 4 個（北京、天津、上海、重慶），屬於地級的市近三百個，縣級的市三百多個，共計約七百個市。

C. 市轄區

市轄區是國家在 "市" 所轄的城區內設置的一種地方行政建制，是城市地區的一種基層行政單位。

自 80 年代後期開始，為了適應改革開放及社會發展需要，不少市的政府，尤其是特大城市、大城市的政府紛紛向自己的區政府放權。

而部分市轄區之下又有 "街道辦事處"。

D. 鎮與鄉

直至 1996 年底，中國小城鎮共有 5 萬餘個。小城鎮有一定的城市特徵，屬於城市系統中的最低層次，是農村區域經濟的中心。而鎮的行政地位大致相當於鄉。

5. 司法制度

1. 總體情況

"司法制度"一詞的內容，學術界有不同理解；概而言之，是廣狹義、範疇延伸到哪裏的問題。有論者認為，司法制度只包括"法院及法官的審判活動"；有論者則認為不僅是審判，"檢察活動也屬於司法活動"，即是"司法制度"包括法院及檢察院機制；據此原則推而廣之，以刑事案件為例，則"公安機關的偵查行為"乃"前"檢控階段，也應包括在內。

以下是浦興祖對"司法制度"因應實際執行而作的、較綜合的看法：

> 所謂司法制度，是指關於憲法和法律授權或在習慣和功能上被國家和社會承認的特定機關和組織，應用法律處理訴訟案件和非訟案件的原則、程序和各種規範的總和。[①]

至於負責偵察、檢察和審判的機關關係如下：

> 根據當代中國憲法、法律、法規的規定和司法實踐看，中國的主要司法機關是：作為國家審判機關與國家法律監督機關的人民法院、人民檢察院；承擔部分司法職能或承擔司法管理職能，但總體上隸屬於國家行政機

---

① 浦興祖：《中華人民共和國政治制度》，上海人民出版社，2005 年 12 月 2 次印刷，頁 333。

關的公安機關（含國家安全機關）、司法行政機關：由司法行政機關領導的律師組織、公證機關、勞動改造機關、勞動教養機關、仲裁機關等。與此相應，中國司法制度主要包括以下幾個方面：審判制度、檢察制度、偵查制度、執行制度（刑事執行制度主要是死刑執行制度和勞動改造制度，勞動教養制度，民事執行制度）、律師制度、調解制度（法庭調解、人民調解、仲裁調解、行政調解）、仲裁制度及公證制度等。[①]

中國的司法制度，實質上透過法（法院）、檢（檢察院）、公（公安機關）三者來落實。三者分工負責、互相配合、互相制約，就是中國人民司法實踐的總和。

按照 1954 年《憲法》、《人民法院組織法》、《人民檢察院組織法》的規定，在刑事訴訟中，由公安機關負責偵查，人民檢察院分擔部分偵查工作、以負責審查起訴為主，人民法院則負責審判，三機關分工負責，互相配合，互相制約。

"文革"後，1979 制定的《刑事訴訟法》更明確規定了三個機關必須"分工負責，互相配合，互相制約"；1982 年更把這原則寫進憲法之內。

總括而言，現行的情況大致是，刑事案件的偵查、拘留、執行逮捕等，由公安機關負責。檢察、批准逮捕、檢察機關直接受理的案件的偵查、提起公訴、出庭支持公訴，全部由人民檢察

---

① 浦興祖：《中華人民共和國政治制度》，上海人民出版社，2005 年 12 月 2 次印刷，頁 333。

院負責。審判則由人民法院負責。分工負責旨在讓公安、檢察、法院三機關互相配合也互相制衡，從而保證辦案質量。公安、檢察、法院之間互相監督，旨在防止和糾正辦案過程中可能出現的偏差。

於組織架構上，公安歸公安部管理，而公安部直屬國務院。

人民檢察院及人民法院是對等機關，同歸司法部管理，司法部直屬國務院。

2. 司法機關及其主要構成

於具體運作而言，司法部下設機構包括：辦公廳、政治部、監獄管理局、法制宣傳司、律師公證工作指導司、基層工作指導司、國家司法考試司、法制司、研究室、司法協助外事司、計財裝備司、機關黨委、駐部紀檢組監察局、離退休幹部局、機關服務中心。

直屬單位包括：中國法學會、中華全國律師協會、中國監獄學會、中國公證協會、中華全國人民調解員協會、法制日報社、法律出版社、直屬煤礦管理局、法律援助中心、預防犯罪研究所、司法研究所、中國司法雜誌、司法鑒定科學技術研究所、中華全國法制新聞協會、中國勞動教養學會、司法行政學院、國家司法考試中心、中國法律援助基金會。

詳情可參看中華人民共和國司法部所設網頁，網址為：http://www.moj.gov.cn/。

A. 法院

狹義下的中國司法制度及司法機關，其主要構成包括：審判機關（人民法院）及檢察機關（人民檢察院）。

審判機關由最高人民法院、地方各級人民法院，以及專門人民法院組成。最高人民法院是最高審判機關。

人民法院依照法律規定獨立行使審判權，不受行政機關、社會團體和個人干涉。最高人民法院是最高審判機關，監督地方各級人民法院和專門人民法院的審判工作，上級人民法院監督下級人民法院的審判工作。最高人民法院對全國人民代表大會及其常務委員會負責。地方各級人民法院對產生它的國家權力機關負責。

B. 檢察院

檢察機關由最高人民檢察院、地方各級人民檢察院，以及專門人民檢察院組成；最高人民檢察院是最高檢察機關。

人民檢察院是國家的法律監督機關。中華人民共和國設立最高人民檢察院、地方各級人民檢察院和軍事檢察院等專門人民檢察院。人民檢察院依照法律規定獨立行使檢察權，不受行政機關、社會團體和個人的干涉。最高人民檢察院是最高檢察機關，領導地方各級人民檢察院和專門人民檢察院的工作，而上級人民檢察院則領導下級人民檢察院進行工作。

C. 歸司法部管理的其他重要組成部分之舉例說明

監獄制度： 司法部之下設監獄管理局管理全國監獄。監獄制度所處理的，是案件審結、判刑後的後續工作。據監獄法規定，國務院司法行政部門主管全國的監獄工作，司法部設監獄管理局，作為司法部管理全國監獄的職能部門。各省、自治區、直轄市的司法廳（局）主管本行政區域所轄範圍內的監獄工作；省、自治區、直轄市的監獄管理局在當地司法廳（局）的領導下具體管理轄區內的監獄工作。1994 年 12 月 20 日，第八屆全國人民代表大會常務委員會第 11 次會議通過《中華人民共和國監獄法》，標誌着中國監獄制度正在不斷改進。而監獄工作的基本原則，是懲罰之外，會與教育及勞動相結合。

　　公證制度：中國的“公證”原指國家專設的公證處代表國家對民事法律關係依法進行的證明活動，即國家公證機關根據當事人的申請，依法證明法律行為、有法律意義的文書和事實的真實性、合法性，以保護公共財產，保護公民身份上、財產上的權利和合法利益。

　　國家賠償制度：國家賠償，又稱國家侵權損害賠償，是由國家對於行使公民權利的侵權行為造成的損害後果承擔賠償責任的活動。中國於 1994 年 5 月 12 日第八屆全國人民代表大會通過《中華人民共和國國家賠償法》，該法第 2 條規定：“國家機關和國家機關工作人員違法行使職權侵犯公民、法人和其他組織的合法權益造成損害的，受害人有依照本法取得國家賠償的權利。”法例還規定了行政賠償和刑事賠償兩種國家賠償。行政賠償是指行政機關及其工作人員違法行使行政職權，侵犯公民、法人和其他組織的合法權益造成損害的，由國家承擔賠償責任的賠償。行政賠償是國家賠償的主要組成部分。刑事賠償則指司法機關錯拘、錯捕、錯判而引起的國家賠償。

　　律師制度：國家有相關法律法規就律師的性質、任務、組織和活動原則加以說明，也會對律師如何向社會提供法律服務提供規範性的守則，例如對律師的性質、任務和地位；律師事務所的設立；律師事務所的內部管理；執業律師的業務和權利、義務等有一定規限及監管。

3. 廣義下的司法制度——與司法有關的延伸機關及組織

其他與司法有關的機關及組織，包括偵查制度。

偵查制度是指國家偵查機關的性質任務、組織體系、組織與活動原則以及工作制度的總稱。涉及的機關如公安部，當中的公安及刑事警察兩個警種與偵查工作關係最密切。刑事警察，簡稱刑警，是公安機關內人民警察的重要組成部分。偵查工作的程式如下：(1) 受案、立案；(2) 偵查；(3) 拘留、逮捕；(4) 移送同級人民檢察院審查決定是否起訴。

4. 司法體制改革成為十八屆三中全會全面深化改革的其中一環

黨的十八屆三中全會於 2013 年 11 月 9 日至 12 日在北京舉行，期間審議通過了《中共中央關於全面深化改革若干重大問題的決定》（簡稱《決定》），對深化司法體制改革作了全面部署，此舉跟習近平一貫強調依法治國的基本方略一脉相承。《決定》要求，通過改革司法體系及其運作，讓審理者裁判、由裁判者負責，探索建立突出法官、檢察官主體地位的辦案責任制。

2013 年 12 月 30 日，中共中央召開政治局會議，通過由習近平擔任中央全面深化改革領導小組組長。2014 年 2 月 28 日，中央召開全面深化改革領導小組第二次會議，會上審議通過《關於深化司法體制和社會體制改革的意見及貫徹實施分工方案》，明確了深化司法體制改革的目標、原則，並制定各項改革任務的路線圖和時間表。至 2014 年 6 月 6 日，中央全面深化改革領導小組第三次會議召開，會上審議通過《關於司法體制改革試點若干問題的框架意見》和《上海市司法改革試點工作方案》，對若干重點、難點問題確定了政策導向。

總括而言，改革的目標，是建設公正高效權威的社會主義司法制度。實現司法公正，關鍵是要建立符合司法規律的辦案責任制，做到"有權必有責、用權受監督、失職要問責、違法要追究"。而具體改革由四方面入手，分別是完善司法人員分類管理、完善司法責任制、健全司法人員職業保障、推動省以下地方法院檢察院人財物統一管理。上述四方面，是司法體制基礎性、制度措施上的改革。

全面深化改革領導小組還議決，在東、中、西部選擇六個省市先行先試，為全面推進司法改革積累可複製的經驗。六個先行試點的省市包括上海、廣東、吉林、湖北、海南、青海。

最後一提，司法系統的完善離不開最前線的執法人員。因而《關於司法體制改革試點若干問題的框架意見》也提出完善人民警察警官、警員、警務技術人員分類管理制度，健全執法勤務機構人民警察警員職務序列制度，重點解決量大面廣的基層一線人民警察任務重、職級低、待遇差的問題。按照公務員法確定的職位分類框架，建立公安、安全、審判、檢察機關專業技術類公務員管理制度，確保人員待遇與專業技術職務配套銜接。對公安、安全機關具有刑事司法屬性的偵查人員，探索試行主辦偵查員制度，並完善相應的職業保障制度。

2014 年中，整個司法體制改革的工作如箭在弦。

死刑核准權 2007 年後收歸最高人民法院

第十屆全國人大常委會第二十四次會議 2006 年 10 月 31 日下午表決通過關於修改人民法院組織法的決定，死刑核准權將收歸最高人民法院，該決定自 2007 年 1 月 1 日起施行。

這是自 1980 年代初以來，中國對最嚴厲的刑罰 —— 死刑所作的一次最重大的改革。法律修正案通過後，於 2007 年 1 月 1 日起，死刑案件的核准權統一收歸中國最高法院行使。

這個新消息的意義何在呢？

北京的法律界人士說，這個修改體現了 "尊重和保障人權" 的憲法精神，有利於從程序上防止發生冤假錯案，也有利於在死刑適用上貫徹 "慎用死刑、少殺慎殺" 的方針。

於國際而言，由於死刑對社會的嚴重罪行有一定的警戒作用，因而不少國家仍保留此極刑。截至 2006 年為止，世界上仍有超過三分之一以上的國家和地區保留死刑，覆蓋人口超過全球總人口的 50%。

6. 國家的軍事制度

當代中華人民共和國的軍事制度，是指國家武裝力量統帥權、指揮權的歸屬，國家武裝力量的結構，以及兵役制度。而中國共產黨維持對人民解放軍和其他人民武裝力量的領導權，軍隊內設有黨委、黨支部及黨小組。

1. 性質與各種法律規定

有關中國軍隊的性質及地位，可參看《中國憲法》及《中國共產黨黨章》。至於具體的執行情況，全國人民代表大會及其常務委員會制定了《國防法》、《兵役法》、《軍事設施保護法》、《人民防空法》等 10 多項國防及軍隊建設的法律供軍隊依循；此外，國務院和中央軍事委員會也制定了《徵兵工作條例》、《現役士兵服役條例》、《民兵工作條例》等 40 多項軍事行政法規管理日常運作。

2. 最高領導機制

中國軍事領導的最高機構是"中央軍事委員會"（一般稱為"中央軍委會"），由黨和國家共同領導。

為歷史溯源，中國共產黨於 1920 年後期建立人民武裝力量，此即人民解放軍。當時的人民解放軍由"中央軍事運動委員會"、"中央軍事部"、"軍事科"等名目的機制領導，"中央軍事委員會"此名稱曾於 1926 年出現，於 1930 年前後正式定名。中華人民共和國成立後，由中國共產黨建立的人民解放軍同時成為國家的軍隊。最高領導機制於 1954 年後正名為"中央軍事委員會"（也稱"中央軍委會"）；並確立了中共中央軍委會領導整個軍事工作，國家主席統率全國武裝力量，國務院主管武裝力量的建設此分工模式。

"文革"時期上述運作略受影響，例如 1975 年不再設立國家主席及國防委員會。"文革"後才又重新恢復。

"文革"後的 1982 年，由鄧小平領導的第五屆全國人民代表大會第五次會議通過修改憲法，新設"中華人民共和國中央軍事委員會"（即屬於"國家"領導的"中央軍事委員會"，傳媒一般簡稱為"國家中央軍事委員會"或"國家中央軍委會"）。於是中國軍事的最高領導機構，分別由黨領導的"中國共產黨中央軍事委員會"（一般稱為"中共中央軍事委員會"或"中共中央軍委會"），和新成立的"中華人民共和國中央軍事委員會"共同領導；而關鍵在於，一直以來兩個機構的人選完全一致。這個架構上的重複是一種進步，目的是將軍隊由黨和國家共同領導此原則規範化，令國家的管轄系統日臻完善，軍隊名正言順受黨管轄，也受國家管轄。

1982 年新寫進憲法內的國家軍委會，賦予國家體制以"領導全國武裝力量"的法定憲法地位，與由黨領導的中共中央軍委會屬同一高度、級別的機構。1983 年 6 月第六屆全國人大第一次會議在北京召開，鄧小平於會上當選為此新設的"中華人民共和國中央軍事委員會"主席，與此同時，鄧小平仍然擔任舊有的"中國共產黨中央軍事委員會"主席一職。

3. 武裝力量的構成

中華人民共和國的武裝力量，由中國人民解放軍、中國人民武裝警察部隊和民兵組成。

中國人民解放軍現役部隊是國家的常備軍，主要擔負防衛作戰任務，必要時可以依照法律規定協助維護社會秩序；預備役部隊平時按照規定進行訓練，必要時可以依照法律規定協助維護社會秩序，戰時根據國家發佈的動員令轉為現役部隊。

至於中國人民武裝警察部隊，負責國家賦予的安全保衛任務，維護社會秩序。民兵在軍事機關的指揮下，擔負戰備勤務、防衛作戰任務，協助維護社會秩序。

4. 國防部

國防部是國務院的軍事工作部門。它的基本職能是：統一管理全國武裝力量的建設工作，如人民武裝力量的徵集、編制、裝備、訓練、軍事科研以及軍人銜級、薪給等。國防部的工作由解放軍總部機關分別辦理。

5. 把握世界軍事發展新趨勢並大力推進軍事創新

中共中央政治局在 2014 年 8 月 29 日，就世界軍事發展新趨勢和推進軍事創新進行第十七次集體學習。中共中央總書記習近平在主持學習時指出，研究軍事問題，首先要科學判斷世界發展大勢，準確把握世界軍事發展新趨勢。當前，國際形勢正處在新的轉折點上，各種戰略力量加快分化組合，國際體系進入了加速演變和深刻調整的時期。習近平強調，新軍事革命不僅反映在軍事科技突飛猛進上，也反映在軍事理論不斷創新上，還反映在軍事制度深刻變革上。必須大力推進軍事創新，才能盡快縮小差距、實現新的跨越。此外，也要努力建立起一整套適應信息化戰爭和履行使命要求的新的軍事理論、體制編製、裝備體系、戰略戰術、管理模式。

在軍事發展的新形勢下，新的軍事革命令新型司令機關變得異常重要。2014 年 9 月 22 日，習近平在北京以中央軍委主席身份接見全軍參謀長會議代表時發言稱，面對國家安全新形勢和軍事鬥爭準備新要求，必須努力建設聽黨指揮、善謀打仗的新型司令機關，推動軍事工作創新發展之餘，要不斷增強組織指揮部隊打贏資訊化局部戰爭的能力。習近平還強調，要強化號令意識，強化善謀打仗，強化作風建設，以及強化改革創新。

習近平任內提得最多的其中一個詞是"改革"。創新、改革，也用於國家軍事發展上。總括而言，黨的十八大以來，習近平就加強國防和軍隊建設作出一系列重要論述，明確指出當前和今後一個時期軍隊建設、改革和軍事鬥爭準備的奮鬥目標、總體思路、主要任務和實現路徑，賦予軍事工作新的時代內涵和標準要求，也為在新的起點上籌劃指導全軍司令機關建設指明發展方向和根本遵循。

7. 中國共產黨領導的多黨合作制

1. 政黨制度的基本前提

所謂政黨制度，是指政黨領導或控制國家政權、參與政治的一種制度。[①] 從政黨制度這套文化來看中國，必須搞清楚一些基本前提 —— 中國並不是"一黨制"的國家，中國的政黨制度，是行"中國共產黨領導的多黨合作制"。現存的政黨共 8 個，分別是中國國民黨革命委員會、中國民主同盟、中國民主建國會、中國民主促進會、中國農工民主黨、中國致公黨、九三學社和台灣民主自治同盟。因此，中國共產黨雖然是中國境內的最大黨，但從政治制度的角度言之，當代中國並不是行一黨制。

而多黨合作制於當代中國不是新生事物，有它的歷史背景。

2. 多黨合作制——中國近代歷史的產物

1911 年辛亥革命後的中國仍然坎坷多困，國民黨政府不但沒有能力統一全國，於 20、30 年代更遭列強及日本入侵，有亡國之虞。在這樣的背景下，仁人志士、知識份子都以救亡強國為己任，引進西方思想之餘，小組織、小團體紛紛成立，各自尋索救國方略。

在中國 20、30 年代的民主主義革命中，有部分黨派於反列

---

① 浦興祖：《中華人民共和國政治制度》，上海人民出版社，2005 年 12 月 2 次印刷，頁 517。

強侵略、為中國找出路的想法和志向上跟中國共產黨的最低綱領
基本上是一致的。這類小黨派沒有獨立發展的空間，自然需與其
他理念相同的黨派合作，在求同存異上共存。在一定的歷史時期
之內，尤其是 1937 年第二次國共合作之後至國共合作尚未全面
破裂時，各小型黨派處於中間力量位置。當國共兩黨關係破裂
後，小型黨派便要作出抉擇，選擇合作對象。當中有的選擇與中
國共產黨合作，"多黨合作制" 就在這樣的歷史背景下形成。以
下是 30 年代末、40 年代初的情況，引一二例子以說明情況。

　　1939 年 9 月，第二次國共合作期間，重慶召開國民
參政會第一屆四次會議，會上在中共參議員的帶動下，
第三黨、救國黨、中華職教等參議員先後有近 200 人次
聯名提案，要求國民黨 "結束黨治，立憲施政"。

　　1941 年中國民主政團同盟成立，發表了以 "貫徹抗
日、爭取國家獨立自由、結束國民黨‘黨治’、實踐民主"
等主要內容的政治綱領。1944 年政團同盟改組為民主同
盟（簡稱民盟）。民盟成立後，發表政治宣言，宣佈將為
中國的和平民主事業竭盡全力。而民盟於 1945 年後逐步
和中國共產黨保持密切的合作關係。

1945 年抗戰勝利後國共分裂，中國共產黨與部分黨派合
作，於 1946 年 1 月重慶召開政治協商會議，與包括國民黨在內
的各政黨共同討論中國未來的路向，會議達成五項決議。可惜決
議無從落實，1946 年 6 月內戰全面展開。

國共內戰初期，共產黨並未取得優勢，至 1948 年中戰情逆
轉。中國共產黨也於 1948 年 5 月再次召開新一輪的政治協商會

議，倡議成立聯合政府。

　　1949 年 9 月（正式建國前一個月），中國人民政治協商會議上，以共產黨為首的其他黨派共同選舉了"中央人民政府"。1949 年 10 月中華人民共和國成立後、全國人民代表大會及中國第一部憲法未運作之前（即 1954 年前），"全國人民政治協商會議"（簡稱"政協"）與"中央人民政府"是新中國兩個重要、過渡性質的運作機構。

3. 政治協商會議在"議行合一"制度內的意義

　　1954 年後，中國於政治制度上踏入另一階段，此時政協的權力已減弱，卻仍然存在。今天的政協，從"議事"層面、非"擁有實權"的層面發揮多黨合作議事的功能。

　　中國於開國之初已選擇了實行"議行合一"的制度運作，不同於西方的三權分立。所謂三權分立是指立法、司法和行政關係互相制衡。中國的"議行合一"，根據中國國家憲法的規定，讓人民擁有國家的全部權力，權力沒有所謂的三權分立的概念，所有行政及司法機關都接受代表人民最高權力的全國人民代表大會監督，及向其負責。而"議事"層面就重大事項徵集意見，便依靠政協來進行。每年 3、4 月間，政協與人大同時開會，這就是一般簡稱為"兩會"的機制。

小提示

最具影響力的第一屆中國人民政治協商會議作過甚麼重要決定？

1949 年 9 月，中國人民政治協商會議第一屆全體會議在北平召開。

大會通過：

1.《中國人民政治協商會議共同綱領》。《共同綱領》相當於臨時憲法。

2. 大會選舉了中華人民共和國中央人民政府委員會，選舉毛澤東為中央人民政府主席。

3. 會議決定以北平為首都，改名北京。

4. 以《義勇軍進行曲》為代國歌（1982 年 12 月 4 日第五屆全國人大第五次會議決定以《義勇軍進行曲》為中華人民共和國國歌）。

5. 以五星紅旗為國旗。

6. 第一屆政協會議為新中國的成立作了準備。

停一停，想一想

2006 年的新發展
——黨的十七大將提高差額選舉

於 2006 年 11 月上旬舉行的黨十六屆六中全會作出決定，黨的十七大於 2007 年下半年在北京召開。與此同時，中共中央印發了《關於黨的十七大代表選舉工作的通知》，對黨的十七大代表選舉工作作出全面部署。

選舉工作當中最關鍵的轉變，是堅持差額選舉之餘，提高差額比例，各選舉單位要按照不少於 15％的差額比例，召開黨代表大會或黨代表會議選舉產生出席黨的十七大的代表。

讓我們停一停，想一想，全面擴大差額比例的意義何在呢？

無論如何，這都是一次將入選代表優質化的努力。

批評及思考當代中國的處境時，類似的具體變化不能不察。

8. 中國人民政治協商會議

1. 簡介

中國人民政治協商會議[※]，一般簡稱 "政協會議"，當中的成員簡稱 "政協"；又或兩者也稱 "人民政協"，既指成員，也指組織。人民政治協商會議是中國共產黨領導的多黨合作和政治協商的重要機構，是中國式民主政治的一種重要形式。在新中國成立前夕，中國人民政治協商會議由中國共產黨和各民主黨派、無黨派民主人士、各人民團體、各界愛國人士共同創立。

於歷史發展而言，人民政治協商會議有新舊之分。今天運作的中國人民政治協商會議可稱為 "新政協"，以別於 1946 年 1 月召開的 "舊政協"。1945 年抗日戰爭勝利後，中國共產黨和國民黨在重慶談判，決定為組織新政府而召開政治協商會議。1946 年 1 月 10 日，政治協商會議在重慶召開，參加組織有中國國民黨、中國共產黨、中國民主同盟、中國青年黨和社會賢達五個方面。同年 11 月，國民黨撕毀政治協商會議決議，單方面宣佈召開 "國民大會"，遂使政治協商會議即 "舊政協" 解體。

1948 年 4 月 30 日，中共中央發佈紀念 "五一" 國際勞動節的口號，提出召開新的政治協商會議。新政治協商會議的籌備工作得到各民主黨派、各人民團體、無黨派民主人士及國外華僑積極響應。

※　http://www.cppcc.gov.cn:8090/gate/big5/www.cppcc.gov.cn/

1949 年 1 月 30 日，北平宣佈和平解放。6 月 15 日，新政治協商會議籌備會在北平開幕，參加會議的有 23 個單位的代表共 134 人。9 月 17 日，新政治協商會議籌備會第二次全體會議正式決定，將新政治協商會議定名為 "中國人民政治協商會議"。

1949 年 9 月 21 日，中國人民政治協商會議第一屆全體會議在北平隆重舉行，宣告中國人民政治協商會議正式成立。參加會議的有 46 個單位的代表共 662 人。會議通過了《中國人民政治協商會議共同綱領》、《中國人民政治協商會議組織法》、《中華人民共和國中央人民政府組織法》這三個為新中國奠基的歷史性文件。會議還通過了關於國旗、國歌、國都、紀年等項決議，也選舉了中國人民政治協商會議第一屆全國委員會的委員。中國人民政治協商會議在當時還不具備召開普選全國人民代表大會的條件下，肩負起執行全國人民代表大會職權的重任，完成了建立新中國的歷史使命。

1954 年 9 月，全國人民代表大會第一次會議在北京召開。會議通過並公佈了《中華人民共和國憲法》。至此，作為代行全國人民代表大會職權的第一屆中國人民政治協商會議，以圓滿完成其歷史使命而載入史冊。全國人民代表大會召開後，人民政協繼續存在，繼續發揮多黨合作和政治協商的作用，共同為國家建設及發展作出貢獻。而中華人民共和國憲法規定，中國共產黨領導的多黨合作和政治協商制度，將長期存在和發展。

2. 組成結構

中國人民政治協商會議，是中國共產黨領導下，由中國共產黨、8 個民主黨派、無黨派民主人士、人民團體、各少數民族和各界的代表，台灣同胞、港澳同胞和歸國僑胞的代表，以及特別邀請的人士組成的參政組織。由於政協來源不局限於中國共產黨員，因而具有廣泛的社會基礎。政協會議的一切活動以中華人民共和國憲法為根本的準則。

在組織結構上，中國人民政治協商會議設全國委員會和地方委員會。

政協全國委員會每 5 年一任。設主席、副主席若干人和秘書長。政協全國委員會全體會議每年舉行一次。政協全國委員會設常務委員會主持會務。常務委員會委員由全國委員會主席、副主席、秘書長和常務委員組成。全國委員會主席主持常務委員會的工作。主席、副主席、秘書長組成主席會議，處理常務委員會的重要日常工作。

政協全國委員會設副秘書長若干人，協助秘書長進行工作。此外，也設立由秘書長領導的辦公廳，以及若干專門委員會及其他工作機構。

省、自治區、直轄市，設中國人民政治協商會議的省、自治區、直轄市委員會；自治州、設區的市、縣、自治縣、不設區的市和市轄區，凡有條件的地方，均可設立中國人民政治協商會議各地方的地方委員會。地方各級委員會也是 5 年一任。各級地方委員會設主席、副主席若干人和秘書長。縣、自治縣、不設區的市和市轄區的地方委員會根據具體情況，也可不設秘書長。各級地方委員會的全體會議每年至少舉行一次。

政協全國委員會對地方委員會的關係，和地方委員會對下一級地方委員會的關係，是指導關係。

歷屆全國政協主席

毛澤東，第一屆（1949 年 10 月～1954 年 12 月）；第二、三、四屆名譽主席。

周恩來，第二、三、四屆（1954 年 12 月～1976 年 1 月）

鄧小平，第五屆（1978 年 3 月～1983 年 6 月）

鄧穎超，第六屆（1983 年 6 月～1988 年 4 月）

李先念，第七屆（1988 年 4 月～1992 年 6 月）

李瑞環，第八、九屆（1993 年 3 月～2003 年 3 月）

賈慶林，第十、十一屆（2003 年 3 月～2013 年 3 月）

俞正聲，第十二屆（2013 年 3 月～）

---

3. 議政及提案是主要的進行形式

政協會議根據中國共產黨同各民主黨派和無黨派人士"長期共存，互相監督，肝膽相照，榮辱與共"的方針，對國家的施政，以及跟群眾生活息息相關的重要問題進行政治協商，並通過建議和批評發揮民主監督作用。人民政協的主要職能是政治協商和民主監督，組織參加政協會議的各黨派、團體和各族各界人士共同參政議政。

在會議上議政，是政協履行職能的一種基本形式，而所議之事，透過提交方案來表達，從而向國家機關和其他有關組織提出建議及批評。

第十及十一屆政協期間，中共中央、國務院對政協提案工作的支援力度不斷加大。自十一屆開始,全國委員會分別設立了提案委員會、經濟委員會、人口資源環境委員會、教科文衛體委員會、社會和法制委員會、民族和宗教委員會、港澳台僑委員會、外事委員會、文史和學習委員會等 9 個專門委員會,用以分門別類地集中議政、收集提案,令政協會議進行得更有實效。

4. 與人大的關係

1959 年 4 月 17 日至 29 日,中國人民政治協商會議第三屆全國委員會第一次會議在北京舉行。出席這次會議的政協委員列席了第二屆全國人民代表大會第一次會議,聽取了政府工作報告,並參加了討論。從此,政協委員開始列席全國人民代表大會。

1966 年,十年動亂開始,政協工作停頓。1975 年 7 月,第四屆全國人民代表大會在北京召開,當時中共中央和毛澤東主席決定盡快召開五屆政協會議,但遭到"四人幫"破壞,未能召開。

直至 1978 年,停止活動 13 年的人民政協開始恢復,同年 2 月 24 日至 3 月 8 日,政協五屆一次會議在北京舉行,出席這次會議的政協委員同時列席了同年 2 月 26 日至 3 月 5 日舉行的第五屆全國人民代表大會第一次會議。從此又再恢復了政協委員列席全國人民代表大會的做法。

5. 2014 年人民政治協商會議成立 65 週年

中國人民政治協商會議的運作及歷史見上文。政協與人大這兩個系統,共同建構具中國特色的民主參與及政治體制。人民政治協商會議發展至 2014 年,已成立了 65 年。

2014 年 9 月，全國政協禮堂舉行了人民政治協商會議成立 65 週年慶祝大會。會上國家主席習近平發表講話，重申政治協商會議的重要性，強調黨的十八大以來，尤其高度重視人民政協的工作，冀進一步準確把握人民政協的性質定位，充分發揮作為協商民主的重要管道的作用。而做好人民政協工作，必須堅持中國共產黨領導，堅持人民政協的性質定位，堅持大團結大聯合和堅持發揚社會主義民主精神。

習近平在講話中認為，中國社會主義協商式的政治協商會議制度，豐富了民主的形式、拓展了民主的管道、加深了民主的內涵。民主，不只一種模式。民主，也“不是裝飾品”，不是用來做擺設，而是實實在在地用來解決人民正面對的困難。中國會按照符合本國國情、歷史發展進程之需要，建構適合中國的民主政治體制。在人大之外建立政協——一個強調溝通、包容共存的人民政治協商系統，正是要透過“眾人的事情由眾人商量的方式，找出全社會意願和要求的最大公約數”，從而建構“能解決問題”的人民民主真諦。

小提示

人民政治協商會議有多重要？
對中國政治體制的意義何在？

2014 年 9 月 21 日，全國政協禮堂舉行了人民政治協商會議成立 65 週年的慶祝大會。會上國家主席習近平發表講話。講話全文九千多字，以下是約一千字的重點摘錄。讀者宜從中掌握習近平對民主的詮釋。這種詮釋建基於歷史悠久的中國文明，也緊扣客觀存在的社會現實。習近平上任後，在不同場合一再自行定義民主的內涵，這是爭取話語權、國家發展自主權的一種表現。

……

同志們、朋友們！

我們的目標愈偉大，我們的願景愈光明，我們的使命愈艱巨，我們的責任愈重大，就愈需要匯聚起全民族智慧和力量，就愈需要廣泛凝聚共識、不斷增進團結。希望人民政協繼承光榮傳統，提高履職能力現代化水準，為實現"兩個一百年"奮鬥目標、實現中華民族偉大復興的中國夢作出新的更大貢獻。

第一，堅持中國特色社會主義制度優勢和特點。"履不必同，期於適足；治不必同，期於利民。"中國特色社會主義制度的生命力，就在於這一制度是在中國的社會土壤中生長起來的，人民政協就是適合中國國情、具有鮮明中國特色的制度安排。……

第二，堅持緊扣改革發展獻計出力。……發展仍然是解決中國一切問題的關鍵。……推動各項事業全面發展，更好改善和保障人民生活。

人民政協……要積極宣傳改革發展的大政方針，引導所聯繫群眾支持和參與改革發展，正確對待新形勢下改革發展帶來的利益格局調整，為改革發展添助力、增合力。要敢於講真話、講諍言，及時反映真實情況，勇於提出建議和批評，幫助查找不足、解決問題，推動各項改革發展舉措落到實處。

……

社會主義協商民主，是中國社會主義民主政治的特有形式和獨特優勢，……

—— 我們要全面認識社會主義協商民主是中國社會主義民主政治的特有形式和獨特優勢這一重大判斷。中國共產黨領導人民實行人民民主，就是保證和支持人民當家作主。保證和支持人民當家作主不是一句口號、不是一句空話，必須落實到國家政治生活和社會生活之中，保證人民依法有效行使管理國家事務、管理經濟和文化事業、管理社會事務的權力。

"名非天造，必從其實。" 實現民主的形式是豐富多樣的，不能拘泥於刻板的模式，更不能說只有一種放之四海而皆準的評判標準。人民是否享有民主權利，要看人民是否在選舉時有投票的權利，也要看人民在日常政治生活中是否有持續參與的權利；要看人民有沒有進行民主選舉的權利，也要看人民有沒有進行民主決策、民主管理、民主監督的權利。社會主義民主不僅需要完整的制度程式，而且需要完整的參與實踐。人民當家作主必須具體地、現實地體現到中國共產黨執政和國家治理上來，具體地、現實地體現到中國共產黨和國家機關各個方面、各個層級的工作上來，具體地、現實地體現到人民對自身利益的實現和發展上來。

……

古今中外的實踐都表明，保證和支持人民當家作主，通過依法選舉、讓人民的代表來參與國家生活和社會生活的管理是十分重要的，通過選舉以外的制度和方式讓人民參與國家生活和社會生活的管理也是十分重要的。人民只有投票的權利而沒有廣泛參與的權利，人民只有在投票時被喚醒、投票後就進入休眠期，這樣的民主是形式主義的。

在總結新中國人民民主實踐的基礎上，我們明確提出，在我們這個人口眾多、幅員遼闊的社會主義國家裏，關係國計民生的重大問題，在中國共產黨領導下進行廣泛協商，體現了民主和集中的統一；人民通過選舉、投票行使權利和人民內部各方面在重大決策之前進行充分協商，盡可能就共同性問題取得一致意見，是中國社會主義民主的兩種重要形式。在中國，這兩種民主形式不是相互替代、相互否定的，而是相互補充、相得益彰的，共同構成了中國社會主義民主政治的制度特點和優勢。

協商民主是中國社會主義民主政治中獨特的、獨有的、獨到的民主形式，它源自中華民族長期形成的天下為公、相容並蓄、求同存異等優秀政治文化，⋯⋯

講話中的一些例子、重點，你會發現於不同場合已一再申述，只在遣詞用字有變化更新。何解？是要讓中國聲音清晰、準確地向國人，尤其是向世界傳達。重大國策及治國理念的表述，一次沒傳達清楚，便多加幾次。

附　錄

《習近平論依法治國──十八大以來重要論述摘編》

我們要繼續發展社會主義民主政治，堅定不移走中國特色社會主義政治發展道路，堅持黨的領導、人民當家作主、依法治國有機統一，繼續積極穩妥推進政治體制改革，堅持和完善人民代表大會制度、中國共產黨領導的多黨合作和政治協商制度、民族區域自治制度以及基層群眾自治制度，鞏固和發展最廣泛的愛國統一戰線，發展更加廣泛、更加充分、更加健全的人民民主。

──2012 年 11 月 15 日在黨的十八屆一中全會上的講話

依法治國是黨領導人民治理國家的基本方略，法治是治國理政的基本方式，要更加注重發揮法治在國家治理和社會管理中的重要作用，全面推進依法治國，加快建設社會主義法治國家。

堅持黨的領導，更加注重改進黨的領導方式和執政方式。依法治國，首先是依憲治國；依法執政，關鍵是依憲執政。新形勢下，我們黨要履行好執政興國的重大職責，必須依據黨章從嚴治黨、依據憲法治國理政。黨領導人民制定憲法和法律，黨領導人民執行憲法和法律，黨自身必須在憲法和法律範圍內活動，真正做到黨領導立法、保證執法、帶頭守法。

我們要堅持黨總攬全局、協調各方的領導核心作用，堅持依法治國基本方略和依法執政基本方式，善於使黨的主張通過法定程序成為國家意志，善於使黨組織推薦的人選成為國家政權機關的領導人員，善於通過國家政權機關實施黨對國家和社會的領導，支持國家權力機關、行政機關、審判機關、檢察機關依照憲法和法律獨立負責、協調一致地開展工作。各級黨組織和黨員領導幹部要帶頭厲行法治，不斷提高依法執政能力和水平，不斷推進各項治國理政活動的制度化、法律化。各級領導幹部要提高運用法治思維和法治方式深化改革、推動發展、化解矛盾、維護穩定能力，努力推動形成辦事依法、遇事找法、解決問題用法、化解矛盾靠法的良好法治環境，在法治軌道上推動各項工作。我們要健全權力運行制約和監督體系，有權必有責，用權受監督，失職要問責，違法要追究，保證人民賦予的權力始終用來為人民謀利益。

—— 2012 年 12 月 4 日在首都各界紀念現行憲法公佈施行
30 週年大會上的講話

加大依法治軍、從嚴治軍力度，堅持以紀律建設為核心，着力增強法規制度執行力，堅決杜絕有法不依、執法不嚴、違法不究的現象。

—— 2012 年 12 月 5 日在會見第二炮兵
第八次黨代表大會代表時的講話

要不折不扣落實依法治軍、從嚴治軍方針，培養部隊嚴守紀律、令行禁止、步調一致的良好作風。實現中華民族偉大復興，是中華民族近代以來最偉大的夢想。可以説，這個夢想是強國夢，對軍隊來說，也是強軍夢。依法治軍、從嚴治軍是強軍之基，必須保持嚴明的作風和鐵的紀律，確保部隊高度集中統一和安全穩定。

　　　　——2012 年 12 月 8 日至 10 日在廣州戰區考察時的講話

　　全國政法機關要順應人民群眾對公共安全、司法公正、權益保障的新期待，全力推進平安中國、法治中國、過硬隊伍建設，深化司法體制機制改革，堅持從嚴治警，堅決反對執法不公、司法腐敗，進一步提高執法能力，進一步增強人民群眾安全感和滿意度，進一步提高政法工作親和力和公信力，努力讓人民群眾在每一個司法案件中都能感受到公平正義，保證中國特色社會主義事業在和諧穩定的社會環境中順利推進。

　　　　——2013 年 1 月就做好新形勢下政法工作作出的指示

　　要堅持黨紀國法面前沒有例外，不管涉及到誰，都要一查到底，決不姑息。要繼續全面加強懲治和預防腐敗體系建設，加強反腐倡廉教育和廉政文化建設，健全權力運行制約和監督體系，加強反腐敗國家立法，加強反腐倡廉黨內法規制度建設，深化腐敗問題多發領域和環節的改革，確保國家機關按照法定權限和程序行使權力。要加強對權力運行的制約和監督，把權力關進制度的籠子裏，形成不敢腐的懲戒機制、不能腐的防範機制、不易腐的保障機制。各級領導幹部都要牢記，任何人都沒有法律之外的絕對權力，任何人行使權力都必須為人民服務、對人民負責並自覺接受人民監督。要加強對一把手的監督，認真執行民主集中制,健全施政行為公開制度,保證領導幹部做到位高不擅權、權重不謀私。

—— 2013 年 1 月 22 日在十八屆中央紀律檢查委員會

第二次全體會議上的講話

要着力加強作風紀律建設,抓好依法治軍、從嚴治軍方針落實。要堅持和發揚艱苦奮鬥精神,使厲行節約、反對浪費在部隊蔚然成風。要嚴肅各項紀律,確保政令軍令暢通。

—— 2013 年 2 月 4 日在視察蘭州軍區時的講話

任何組織或者個人都必須在憲法和法律範圍內活動,任何公民、社會組織和國家機關都要以憲法和法律為行為準則,依照憲法和法律行使權利或權力、履行義務或職責。要深入開展法制宣傳教育,在全社會弘揚社會主義法治精神,引導全體人民遵守法律、有問題依靠法律來解決,形成守法光榮的良好氛圍。要堅持法制教育與法治實踐相結合,廣泛開展依法治理活動,提高社會管理法治化水平。要堅持依法治國和以德治國相結合,把法治建設和道德建設緊密結合起來,把他律和自律緊密結合起來,做到法治和德治相輔相成、相互促進。

我們黨是執政黨,堅持依法執政,對全面推進依法治國具有重大作用。要堅持黨的領導、人民當家作主、依法治國有機統一,把黨的領導貫徹到依法治國全過程。各級黨組織必須堅持在憲法和法律範圍內活動。各級領導幹部要帶頭依法辦事,帶頭遵守法律。各級組織部門要把能不能依法辦事、遵守法律作為考察識別幹部的重要條件。

── 2013 年 2 月 23 日在中共中央政治局

第四次集體學習上的講話

　　我們要堅持黨的領導、人民當家作主、依法治國有機統一，堅持人民主體地位，擴大人民民主，推進依法治國，堅持和完善人民代表大會制度的根本政治制度，中國共產黨領導的多黨合作和政治協商制度、民族區域自治制度以及基層群眾自治制度等基本政治制度，建設服務政府、責任政府、法治政府、廉潔政府，充分調動人民積極性。

── 2013 年 3 月 17 日在第十二屆全國人民代表大會

第一次會議上的講話

　　推進國家治理體系和治理能力現代化，就是要適應時代變化，既改革不適應實踐發展要求的體制機制、法律法規，又不斷構建新的體制機制、法律法規，使各方面制度更加科學、更加完善，實現黨、國家、社會各項事務治理制度化、規範化、程序化。要更加注重治理能力建設，增強按制度辦事、依法辦事意識，善於運用制度和法律治理國家，把各方面制度優勢轉化為管理國家的效能，提高黨科學執政、民主執政、依法執政水平。

── 2013 年 11 月 12 日在十八屆三中全會

第二次全體會議上的講話

後　記

題外話兩則

其一

讀者一定會發現，於本書的第二部分述及"文革"及"六四"風波時，我沒有下重墨，有原因的。近十多年來香港的政治氣氛變得十分熾熱，感覺上，已完全不可以用"不關心政治"來形容香港人。依我個人的親身接觸所知，香港人正步向另一個極端——凡事政治化。2000年前後，本地某兒童福利組織搞了幾屆"小特首"選舉，讓幾歲大的小朋友也"學習""議政"；此外，有年輕人組織要求在政府的正規議事組織內為他們設席位。此外，各大學的學生也要求自己有遴選校長的資格。這些不是不可以，在在都表示香港確是一個開放自由的社會，而且回歸後自由度有增無減——證之於示威遊行，以及衝擊政府及警務人員的次數急增。

我也認同一個社會有自由發聲的機會非常重要；只是，在習慣了自省的成長過程中，深知發言背後要付出大量時間來閱讀，以便弄明白事件的來龍去脉；也惟其如此，才好勇於發言。這是我的自我要求，也是我心目中多發言者的當然責任。可是，本地的發言，沒有輔之以深入閱讀的附帶要求。誰都可以放言議政，卻不會被要求要略為弄清楚事件的來龍去脉及細節。

在這樣的大背景及氣氛下，針對中國而言，一談到當代中國，就只知有"文革"及"六四"兩件事。這兩件事的材料在本地一點也不缺，讀者也不感陌生。於是在這本字數有限的小書內，我選擇了留下字數空間交代"其他事"——要認識當代中國，絕對不能只止於那兩件事。這本小書的寫作，是希望要在一個較宏闊的視野下審視建國超過半個世紀的當代中國如何一路走來。歷史要放眼量，固然是前事不忘後事之師，但假如只集中在"文革"、"六四"（而且是片面或帶着先入為主的定見來審視這兩件事），對這兩件事本身，以至整段歷史並不公平。因而此次不是要故意"忽略"些甚麼——寫此書，出版社予我有最大的自由度，只想平衡本地對當代中國的認知，多談大家沒有為意的整體脈絡。

其二

為此書醞釀下筆、消化材料時我有一些感受，現以"題外故事"方式與大家分享。我希望把寫此書時的內心感受也闡述，好讓彼此在坦誠、真切、有充分溝通的情況下一起探討"當代中國國情與政治制度"、一個在今天香港仍可以非常敏感的課題。

我是個起點很低的人，到大學階段才開竅。因為天資絕不聰敏，自知必須將勤補拙，由於發力遲，要追上進度必須刻苦發狠勁。我對求知識的過程比較自覺，腦海裏對一些微妙的變化也來得特別深刻。我有深刻的，由"不明白"到"明白"的過程，而且因為起點低，我知道一般人"不明白"些甚麼。到今天跑中學，也特別知道如何與成績不好的同學溝通。

　　求學經驗、求知過程告訴我，知識之累積絕對不可能"真空處理"——即"完全中立"。求知識如每有所得，通常是大喜於"找到一套看法"——一套整合多方事理的系統。知識如沒有系統，就沒有重心，也不可能舉一反三、兼收並蓄。

　　最近多接觸與通識有關的課題，發現某些"教老師教通識"的師訓班導師不斷強調，行通識，"我們要沒有立場，只要多角度討論即可"。他們強調只要"多角度"，不提供"主觀答案"，老師就不怕"錯教學生"。我聽罷有點不解。某次有一位老師向我述說如下的一個故事：

　　　　話說某大學開辦給老師用的"通識培訓班"，該次談的是"弱勢社群"中的同性戀問題。整個課程分上下午進行，全長6小時！接受培訓的中學老師要聽講，也要看紀錄短片。"一輪疲勞轟炸"（原中學老師用語）後，任何一位老師都可以看出整個課程內容是站在"同情弱勢"、同情同性戀者的立場來串連內容的。而也正是這位講師，在講解及放電影的過程中不斷提醒中學老師"不要有立場，要多角度討論"。

　　　　6個小時下來，尤其是紀錄片電影也看完之後，大概連主講者也不好意思說自己"沒有立場"吧。很明顯，他同情同性戀者（這本來是光明正大的一回事）。於是，他很不好意思地對大家說："你們會不會認為我有立場、有偏見啊。"

　　複述故事的中學老師說："你明白嗎？他令我感到驚訝的是，他把自己光明正大的立場、觀點貶抑為'偏見'。"老師說完故事後立即把槍頭調轉，指向我："嘿嘿，上你的課卻遇到完全相反的狀況。"我開始滴汗、戰戰兢兢。老師接着説："你通常有一套套看法！而且以案例清楚詳析自己的看法從何而來，事後更做總結、點列要項！嘿，你有立場，而且清清楚楚地讓我們知道'你有這一套立場'。"説罷，送上一個欣賞的微笑 —— 我這才抹一額汗。

這於我是一個很震撼的故事。沒有對比，我從來不知道自己在另一些人眼中形象若何。每次上課我只顧投入地與聽者分享讀大量資料而來的心得，並沒有為意，原來自己予人"立場鮮明"的感覺。

我對那位老師對我的"描述"照單全收。對我來說，做學問的過程不可能沒有重心（所謂的傾向及立場）。沒有"重心"、沒有"一套"知識系統，知識就串連不起來，收不到融會貫通之效。有重心並不可怕，因為我知道，在求學過程中，基於不斷有所得、有長進，重心與"一套看法"是可以不斷修正及改善的。心清理直，日又新月又新，我不怕展示知識系統背後的脉絡 —— 所謂的傾向及立場。你可以不同意我的看法，反正我也容許自己不斷修善改正。知識交流沒有隱瞞，一切都清楚明白，同意與否大可坦然討論。

落回本書之上，我的重心是"國情"。談當代中國的政治制度以至整體的政治發展，不可能忽視與之同步互動的、建國以來的國情；以至 1949 年之前更遠、更遠的國情 —— 那一段段我們不堪回首、從貧窮、列強侵略、割據中走過來的百年近代史。開宗明義，我用愛惜、愛護的角度來看待中國。

　　錯誤必須糾正，陋弊必須揭露，非常同意；只是，對今天中國的評價，我認為必須是一個符合國情、有一定歷史脈絡下的合理判斷。而且在冷眼批評之餘，必須沉着承擔，問自己：“我又建立過些甚麼？”——而承擔，往往比批評更加吃力辛苦。

2007 年 1 月